AF175454

Impressum
Verlag: BABADADA GmbH, Nedderfeld 112 , 22529 Hamburg
Geschäftsführer / Verlagsleitung: Harald Hof
Druck: Books on Demand GmbH, In de Tarpen 42, 22848 Norderstedt

Imprint
Publisher: BABADADA GmbH, Nedderfeld 112 , 22529 Hamburg, Germany
Managing Director / Publishing direction: Harald Hof
Print: Books on Demand GmbH, In de Tarpen 42, 22848 Norderstedt

ليكول

σχολείο

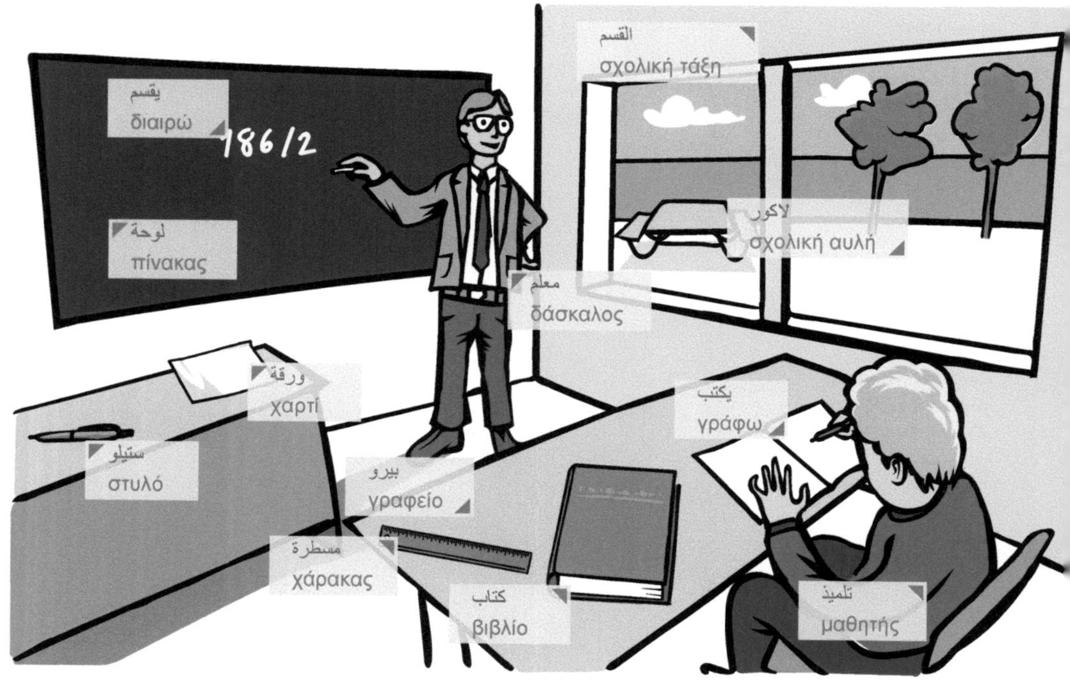
القسم
σχολική τάξη
يقسم
διαιρώ
186/2
لوحة
πίνακας
لاكور
σχολική αυλή
معلم
δάσκαλος
ورقة
χαρτί
يكتب
γράφω
ستيلو
στυλό
بيرو
γραφείο
مسطرة
χάρακας
كتاب
βιβλίο
تلميذ
μαθητής

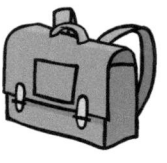

كرطاب

σχολική τσάντα

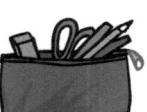

المقلمة

κασετίνα/ μολυβοθήκη

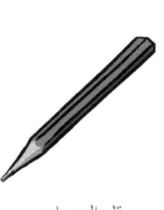

قلم الرصاص

μολύβι

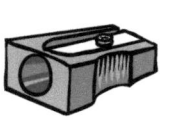

منجارة

ξύστρα

ممحا

γόμα

الكايي تاع الرسم

μπλοκ ζωγραφικής

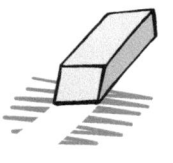

الرسم

ζωγραφική

البانسو

πινέλο

باتير

κουτί χρωμά⁻ων

مقص

ψαλίδι

كولا

κόλλα

كيي تاع التمارين

τετράδιο ασκήσεων

الواجبات

εργασία για το σπίτι

النيميرو

αριθμός

يجمع

προσθέτω

يطرح

αφαιρώ

يضرب

πολλαπλασιάζω

يحسب

υπολογίζω

الحرف

γράμμα

الحروف

αλφάβητο

كلمة

λέξη

النص

κείμενο

يقرا

διαβάζω

طباشير

κιμωλία

الدرس

μάθημα

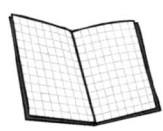

دفتر المدرسي

εγγράφομαι

ليقزاما

τεστ

سرتفيكا

πιστοποιητικό

اللبة تاع ليكول

μαθητική στολή

التعليم

εκπαίδευση

ليكسيك

εγκυκλοπαίδεια

الجاميعة

πανεπιστήμιο

المجهر

μικροσκόπιο

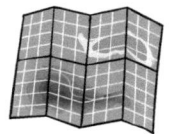

الخريطة

χάρτης

بوبال

καλάθι αχρήστων

فواياج
ταξίδι

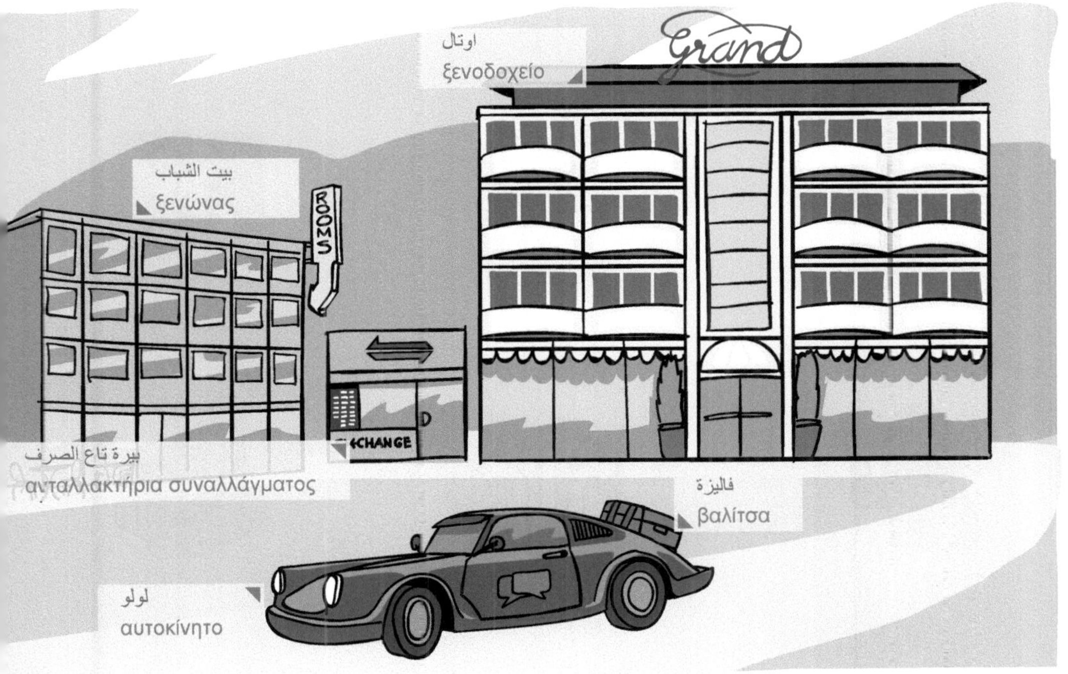

اوتال
ξενοδοχείο
Grand
بيت الشباب
ξενώνας
ROOMS
CHANGE
بيرة تاع الصرف
ανταλλακτήρια συναλλάγματος
فاليزة
βαλίτσα
لولو
αυτοκίνητο

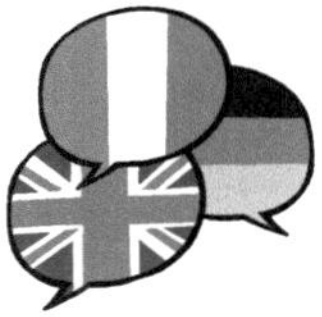

اللغة ليقصدها

γλώσσα

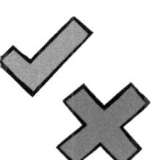

واه / لا

ναι / όχι

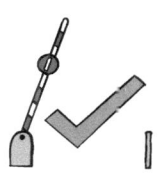

صحا

εντάξει

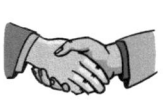

مرحبا

γεια σου

طرجمان

μεταφραστής

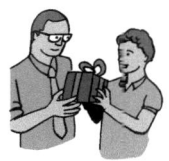

صحيت

Ευχαριστώ

شعال السومة؟
πόσο κάνει ;

مفهمتش
Δε καταλαβαίνω

مشكيلة
πρόβλημα

مسلخير
Καλησπέρα!

صباح لخير
Καλημέρα!

تصبح بخير
Καληνύχτα!

بسلامة
Αντίο

ديركسيو
κατεύθυνση

الباقاج
αποσκευές

ساك
τσάντα

ساكادو
σακίδιο πλάτης

ضيف
καλεσμένος

شمبرا
δωμάτιο

ساك تاع رقاد
υπνόσακος

خيمة
σκηνή

استعلامات سياحية

τουριστικές πληροφορίες

بحر

παραλία

كارطة ناع الكريدي

πιστωτική κάρτα

فطور الصباح

πρωινό

الفطور

μεσημεριανό

العشا

δείπνο

البيي

εισιτήριο

أسونسير

ανελκυστήρας

تامبر

γραμματόσημο

الحدود

σύνορα

الديوانة

τελωνείο

سقارة

πρεσβεία

فيزا

βίζα

باسبور

διαβατήριο

نقل

μεταφορά

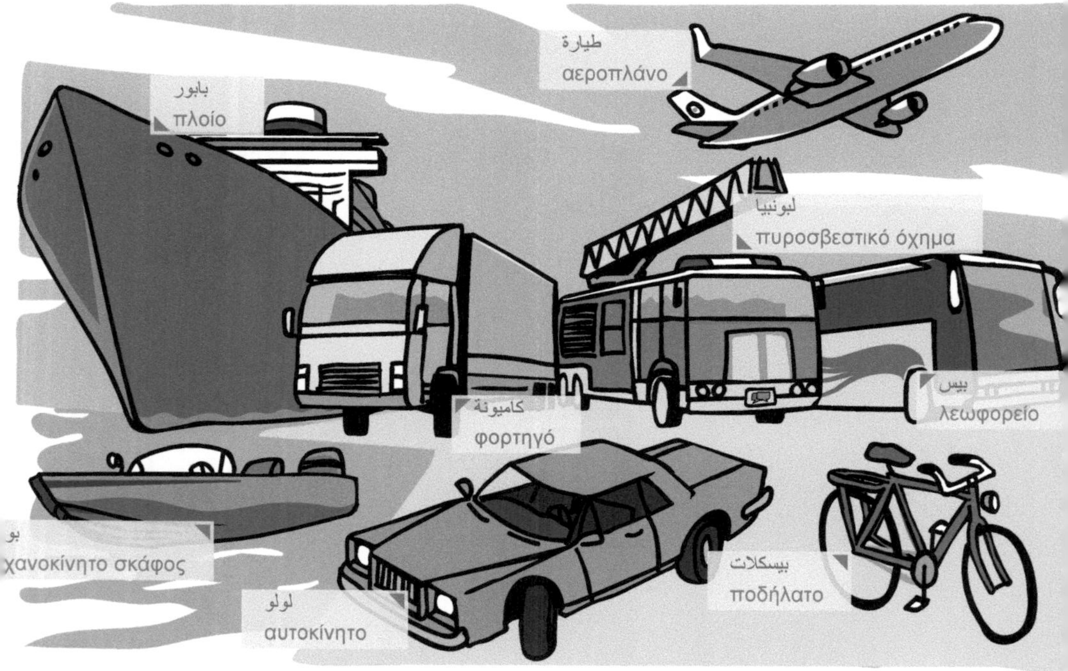

طيارة
αεροπλάνο
بابور
πλοίο
لبونبيا
πυροσβεστικό όχημα
كاميونة
φορτηγό
بيس
λεωφορείο
بو
χανοκίνητο σκάφος
بيسكلات
ποδήλατο
لولو
αυτοκίνητο

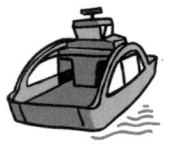

بابو
....
φεριμπότ

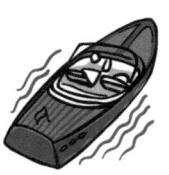

بوطي
....
βάρκα

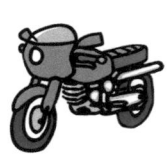

موطو
....
μοτοσικλέτα

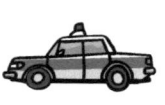

لوطو تاع لابوليس
....
περιπολικό

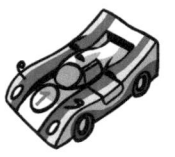

لوطو تاع السيباق
....
αγωνιστικό αυτοκίνητο

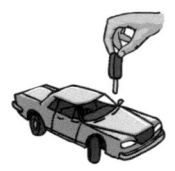

لوطو تاع كرية
....
ενοικιαζόμενο αυτοκίνητο

لواطا تاع كرية

διαμοιρασμός αυτοκινήτων

رومورك

γερανός

كاميو تاع الزبل

απορριμματοφόρο

موتور

κινητήρας

ليسونس

καύσιμο

ستاسيون

βενζινάδικο

بانو

πινακίδα σήμανσης

تر افيك

κυκλοφορία

سركالة

κυκλοφοριακή συμφόρηση

باركينغ

χώρος στάθμευσης

لاقار

σιδηροδρομικός σταθμός

السيكة

σιδηροδρομικές γραμμές

قطار

τρένο

تر ام

τραμ

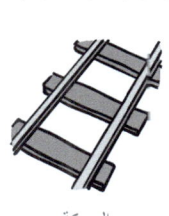

فاغون

βαγόνι

الیکبتار

ελικόπτερο

مطار

αεροδρόμιο

تور

πύργος

مسافر

επιβάτης

كونتنار

εμπορευματοκιβώτιο

كرتونة

χαρτοκιβώτιο

شاريو

καρότσι

سلة

καλάθι

يقلع / يهود

απογειώνομαι /
προσγειόνομαι

قرية

χωριό

البلاد

κέντρο της πόλης

دار

σπίτι

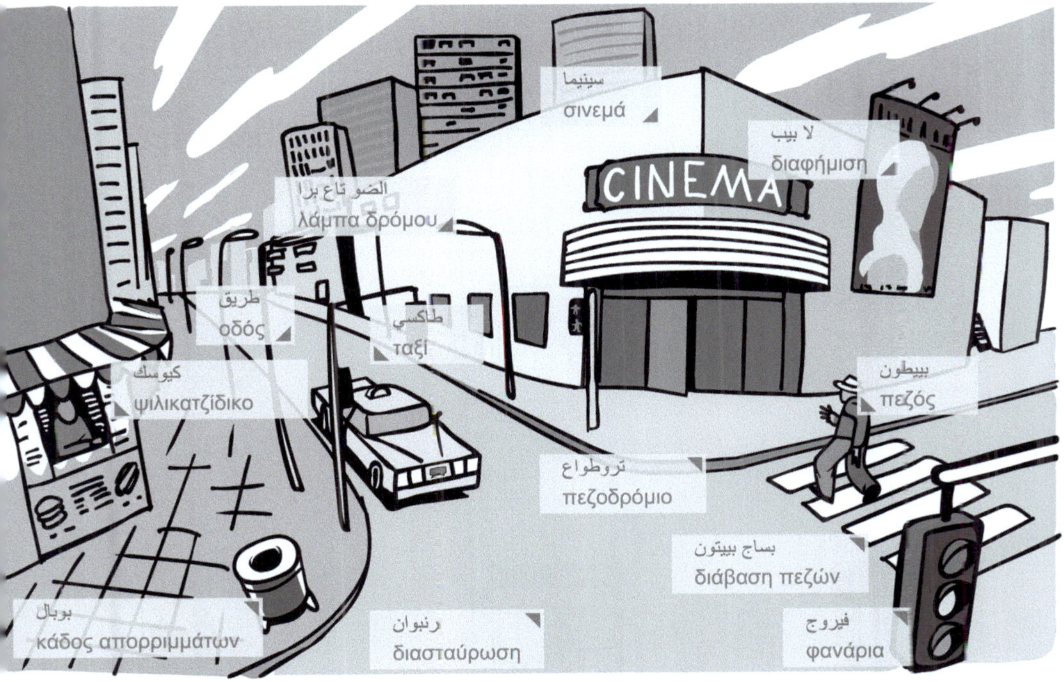
CINEMA
سينيما
σινεμά
لا بيب
διαφήμιση
الضو تاع برا
λάμπα δρόμου
طريق
οδός
طاكسي
ταξί
كيوسك
ψιλικατζίδικο
بييطون
πεζός
تروطواع
πεζοδρόμιο
بساج بييتون
διάβαση πεζών
بوبال
κάδος απορριμμάτων
رنبوان
διασταύρωση
فيروج
φανάρια

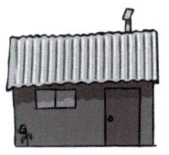

كوخ

καλύβα

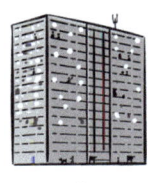

برطمان

διαμέρισμα

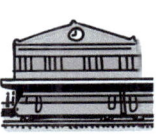

لاقار

σιδηροδρομικός σταθμός

لاميري

δημαρχείο

MUSEUM

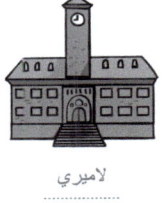

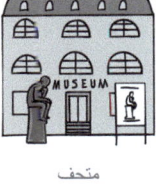

متحف

μουσείο

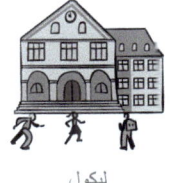

ليكول

σχολείο

الجامعة

πανεπιστήμιο

بانكة

τράπεζα

سبيطار

νοσοκομείο

اوتال

ξενοδοχείο

فارماسي

φαρμακείο

بيرو

γραφείο

مكتبة

βιβλιοπωλείο

حانوت

κατάστημα

فلوريست

ανθοπωλείο

سوبرات

σούπερ μάρκετ

مرشي

αγορά

حانوت كبير

πολυκατάστημα

مسمكة

ιχθυοπωλείο

سونتر كومرسيال

εμπορικό κέντρο

المينا

λιμάνι

بارك
πάρκο

بنك
παγκάκι

جسر
γέφυρα

درج
σκάλες

ميترو
μετρό

تونل
τούνελ

لاري تاع البيس
στάση λεωφορείου

بار
μπαρ

مطعم
εστιατόριο

صندوق البريد
γραμματοκιβώτιο

البانوات
πινσκίδα δρόμου

مقياس زمن الوقوف
παρκόμετρο

حديقة حيوانات
ζωολογικός κήπος

بيسين
πισίνα

جامع
τζαμί

فيرما

αγρόκτημα

التلوث

ρύπανση

مقبرة

νεκροταφείο

قليزية

εκκλησία

بارك

παιδική χαρά

معبد

ναός

الريف

τοπίο

ورقة
φύλλο

بانو
πινακίδα κατεύθυνσης

طريق
δρόμος

مرج
λιβάδι

حجرة
πέτρα

شجرة
δέντρο

رحالة
πεζοπόρος

نهر
ποτάμι

حشيش
χορτάρι

زهرة
λουλούδι

واد

κοιλάδα

جبل

λόφος

بحيرة

λίμνη

غابة

δάσος

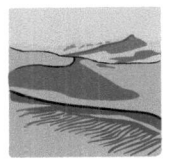

صحراء

έρημος

بركان

ηφαίστειο

شاطو

κάστρο

قوس قزح

ουράνιο τόξο

فطر

μανιτάρι

نخلة

φοίνικας

ناموسة

κουνούπι

ذبانة

μύγα

نملة

μυρμήγκι

نحلة

μέλισσα

رتيلة

αράχνη

خنفوس

σκαθάρι

جرانة

βάτραχος

سنجاب

σκίουρος

قنفود

σκαντζόχοιρος

قنينة

λαγός

بومة

κουκουβάγια

زاوش

πουλί

بجعة

κύκνος

حلوف

αγριογούρουνο

عزالة

ελάφι

إلكة

άλκη

سد

φράγμα

الطاحونة

ανεμογεννήτρια

خلية شمسية

ηλιακός συλλέκτης

كليما

κλίμα

مطعم
εστιατόριο

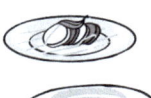

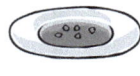

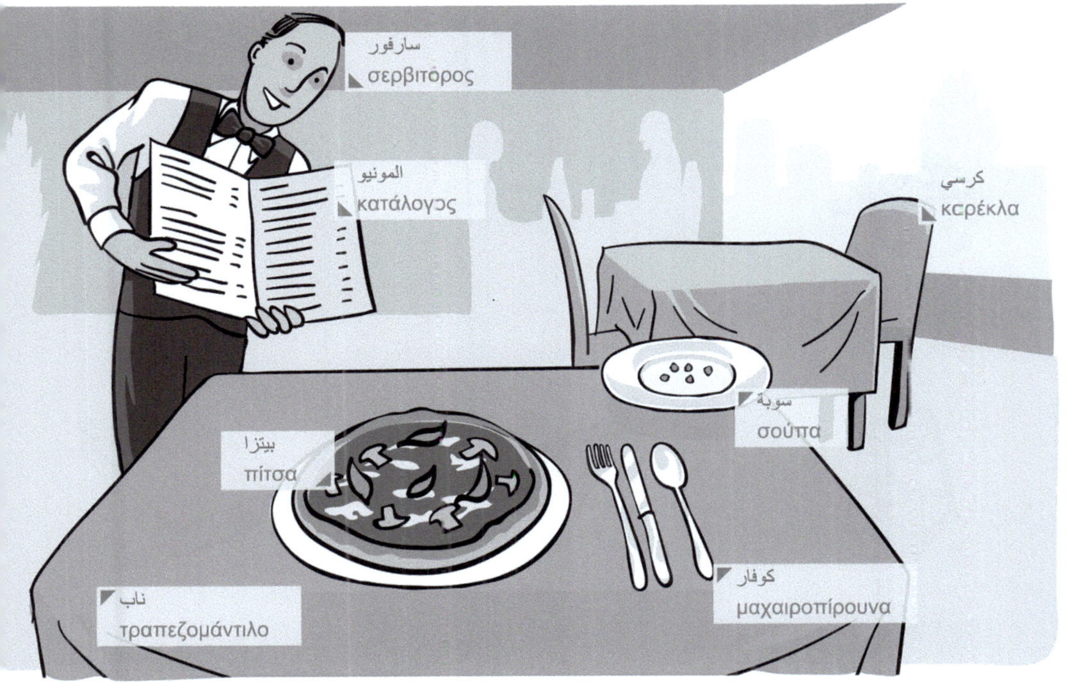

سارفور
σερβιτόρος
المونيو
κατάλογος
كرسي
καρέκλα
سوبة
σούπα
بيتزا
πίτσα
ناب
τραπεζομάντιλο
كوفار
μαχαιροπίρουνα

اوردوفر

ορεκτικό

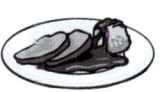

الطبق الرئيسي

κύριο πιάτο

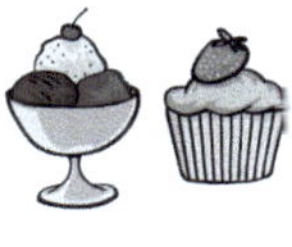

ديسار

επιδόρπιο

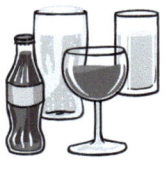

مشروبات

ποτά

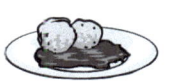

ماكلة

φαγητό

القرعة

μπουκάλι

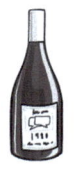

فاست فود

φαστ φουντ

ماكلة ندیه معايا

φαγητό στ' όρθιο

براد اتاي

τσαγιέρα

سكرية

δοχείο ζάχαρης

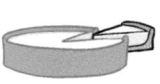

طرف

μερίδα

ماشينة تاع اكسبريسو

μηχανή εσπρέσο

كرسي عالي

ψηλή καρέκλα

فاتورة

λογαριασμός

سني

δίσκος

خدمي

μαχαίρι

فرشيطة

πιρούνι

مغيرفة

κουτάλι

مغيرفة تاع لاتاي

κουταλάκι του τσαγιού

سربيتة تاع الطابلة

πετσέτα φαγητού

كاس

ποτήρι

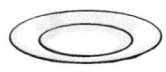

طبسي

πιάτο

بول

πιάτο σούπας

طبسي تاع الفنجال

πιατάκι φλιτζανιού

لاصوص

σάλτσα

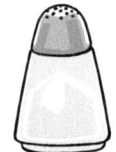

القوطي تاع الملح

αλατιέρα

صحان تاع الحرور

μύλος για πιπέρι

خل

ξύδι

زيت

λάδι

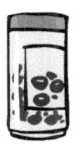

سبيبيزيل

μπαχαρικά

كتشوب

κέτσαπ

موطارد

μουστάρδα

مايونيز

μαγιονέζα

سوبرات

σούπερ μάρκετ

بروموسيو
προσφορά
FOR
كلويون
πελάτης
مشتفات الحليب
γαλακτοκομικά προϊόντα
فاكية
φρούτα
شاريو
καρότσι για ψώνια

BUTCHERS

بوشي

κρεοπωλείο

BAKERY

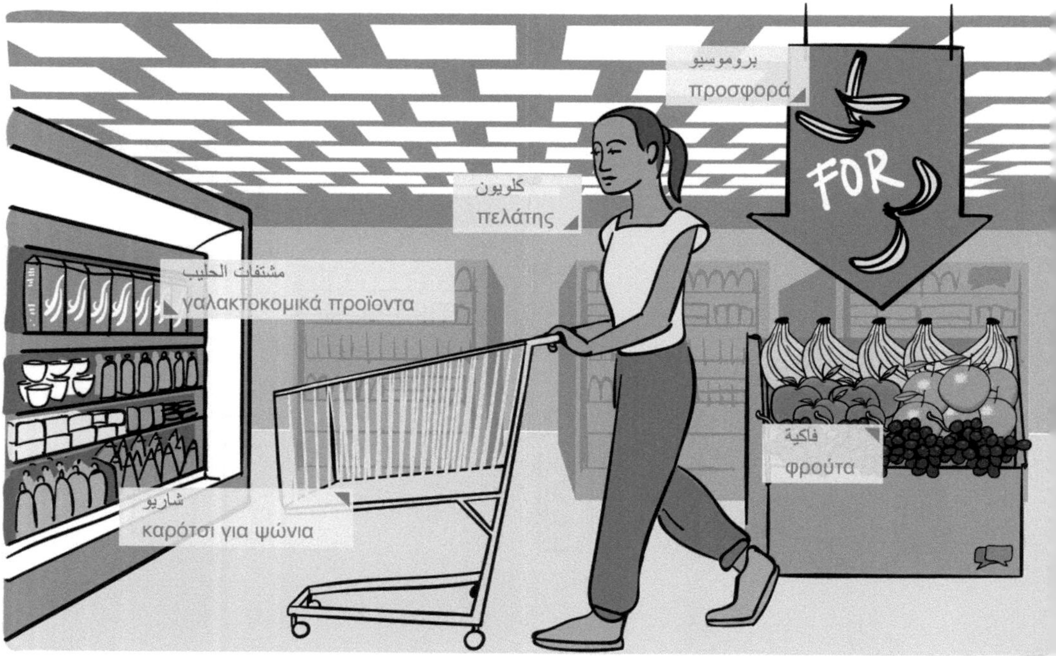

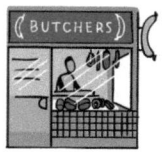

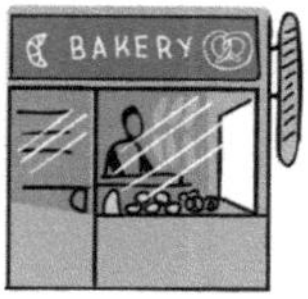

بولونجي

φούρνος

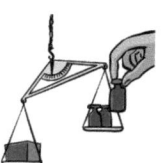

يوزن

ζυγίζω

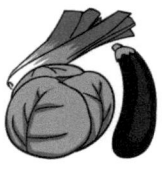

خضار

λαχανικά

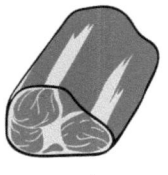

لحم

κρέας

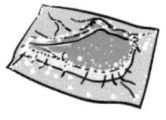

سيرجولي

κατεψυγμένα τρόφιμα

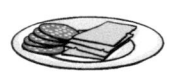

كاشير

αλλαντικά

كونسارف

κονσερβοποιημένη τροφή

الّومو تاع لغسيل

απορρυπαντικό ρούχων

الحلويات

γλυκά

صوالح الدار

οικιακά είδη

ديتارجو

καθαριστικά προϊόντα

فوندوز / خدامة فالحانوت

πωλήτρια

لاكاس

ταμείο

كاسيي

ταμίας

ليستا تاع الشري

λίστα για ψώνια

سوايع الخدمة

ωράριο λειτουργίας

تزداتم

πορτοφόλι

كارطة ناع الكريدي

πιστωτική κάρτα

ساك

τσάντα

بورسة

πλαστική σακούλα

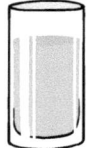

المـا

νερό

جو

χυμός

حليب

γάλα

كوكا

κόκα κόλα

الشراب

κρασί

البيرة

μπίρα

شراب

αλκοόλ

كاكاو

κακάο

لاتاي

τσάι

قهوة

καφές

اكسبريسو

εσπρέσο

كابوتشينو

καπουτσίνο

بانانة

μπανάνα

تفاح

μήλο

تشينينا

πορτοκάλι

بطيخ

πεπόνι

ليم

λεμόνι

تروطة / زرودية

καρότο

ثوم

σκόρδο

بانبو

μπαμπού

بصل

κρεμμύδι

شانبينيو

μανιτάρι

بندق

ξηροί καρποί

ليبات

νουντλς

سباقيتي
μακαρόνια

روز
ρύζι

سلاطة
σαλάτα

ليفريت
πατατάκια

ليفريت
τηγανητές πατάτες

بيتزا
πίτσα

هانبورقر
χάμπουργκερ

سندويش
σάντουιτς

اسكالوب
κοτολέτα

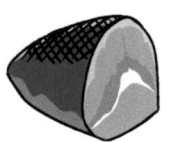

لحم الحلوف
ζαμπόν

سامي
σαλάμι

مرقاز
λουκάνικο

جاجة
κοτόπουλο

لحم مشوي
ψητό

حوت
ψάρι

شوفان

χυλός βρώμης

موسلي

μούσλι

كورن فلكس

κορν φλέικς

فرينة

αλεύρι

كرواسون

κρουασάν

خبيزة

ψωμάκι

الخبز / كسرة

ψωμί

خبز محمر

τοστ

بيسكوي

μπισκότα

زبدة

βούτυρο

لبن

τυρόπηγμα

قاطو

κέικ

بيض

αυγό

بيض مقلي

τηγανητό αυγό

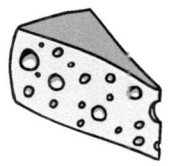

فرماج

τυρί

لاكرام

παγωτό

سكر

ζάχαρη

عسل

μέλι

كونفتير

μαρμελάδα

نوقا

άλλειμμα σοκολάτας

الكاري

κάρυ

ماكلة - φαγητό

فيرما
αγρόκτημα

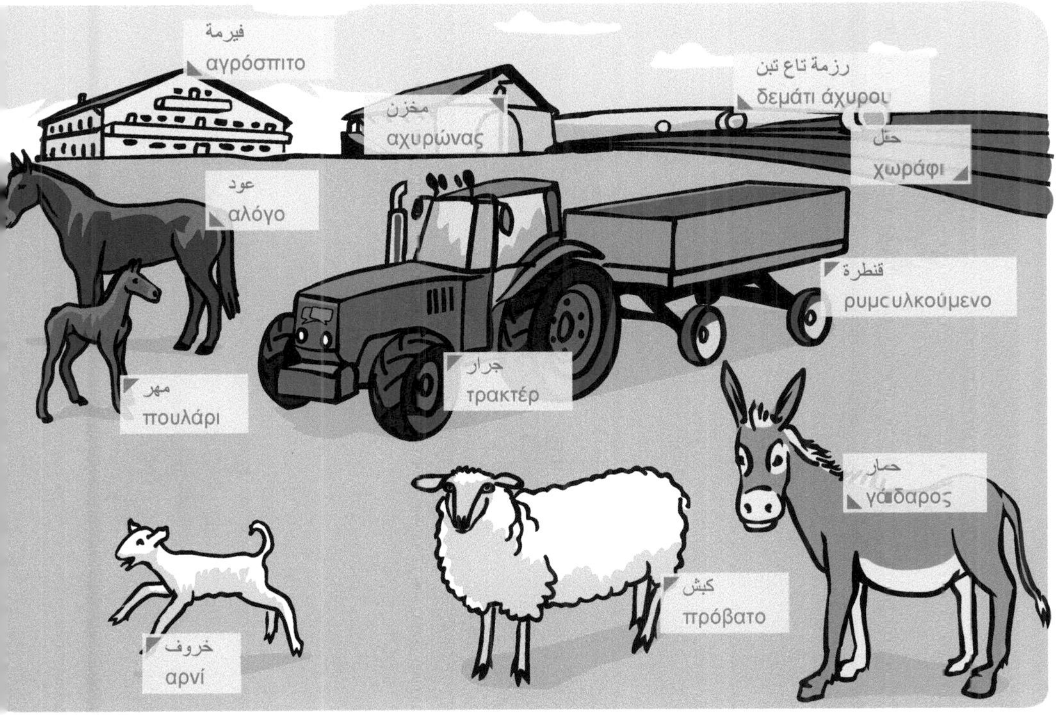
فيرمة
αγρόσπιτο
مخزن
αχυρώνας
رزمة تاع تبن
δεμάτι άχυρου
حقل
χωράφι
عود
αλόγο
قنطرة
ρυμουλκούμενο
مهر
πουλάρι
جرار
τρακτέρ
حمار
γάιδαρος
كبش
πρόβατο
خروف
αρνί

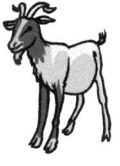

معزة
....
κατσίκα

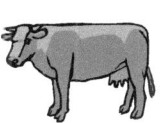

بقرة
....
αγελάδα

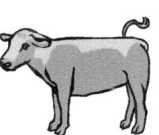

عجل
....
μοσχαράκι

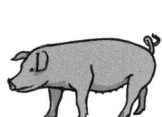

حلوف
....
γουρούνι

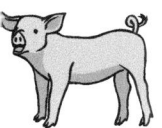

حلوف صغير
....
γουρουνάκι

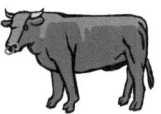

طورو
....
ταύρος

وزة

χήνα

بطة

πάπια

فلوس

κοτοπουλάκι

جاجة

κότα

سردوك

κόκορας

طوبا

αρουραίος

قطة

γάτα

فأر

ποντίκι

ثور

βόδι

كلب

σκύλος

دار الكلب

σπιτάκι σκύλου

تيبو

λάστιχο κήπου

إبريق

ποτιστήρι

منجل

θεριστήρι

محراث

αλέτρι

منجل

δρεπάνι

الفاس

τσάπα

مذراة الزبل

δίκρανο

شاقور

τσεκούρι

برويطة

χειράμαξα

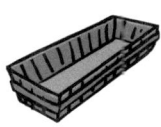

معلف

ταΐστρα

قابة تاع حليب

δοχείο γάλακτος

ساشيا

σάκος

سياج

φράχτης

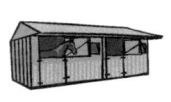

صطبل

στάβλος

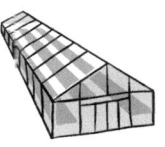

بوطاجي

θερμοκήπιο

تراب

έδαφος

بذور

σπόρος

سماد

λίπασμα

حصادة

θεριζοαλωνιστική μηχανή

يحصد
θερίζω

الغلة
συγκομιδή

بطاط
γιαμς

قمح
σιτάρι

صويا
σόγια

بطاطا
πατάτα

مايبس
καλαμπόκι

سلجم
κράμβη

شجرة تاع فاكية
οπωροφόρο δέντρο

منيهوت
μανιόκα

الخبوب
δημητριακά

دار

σπίτι

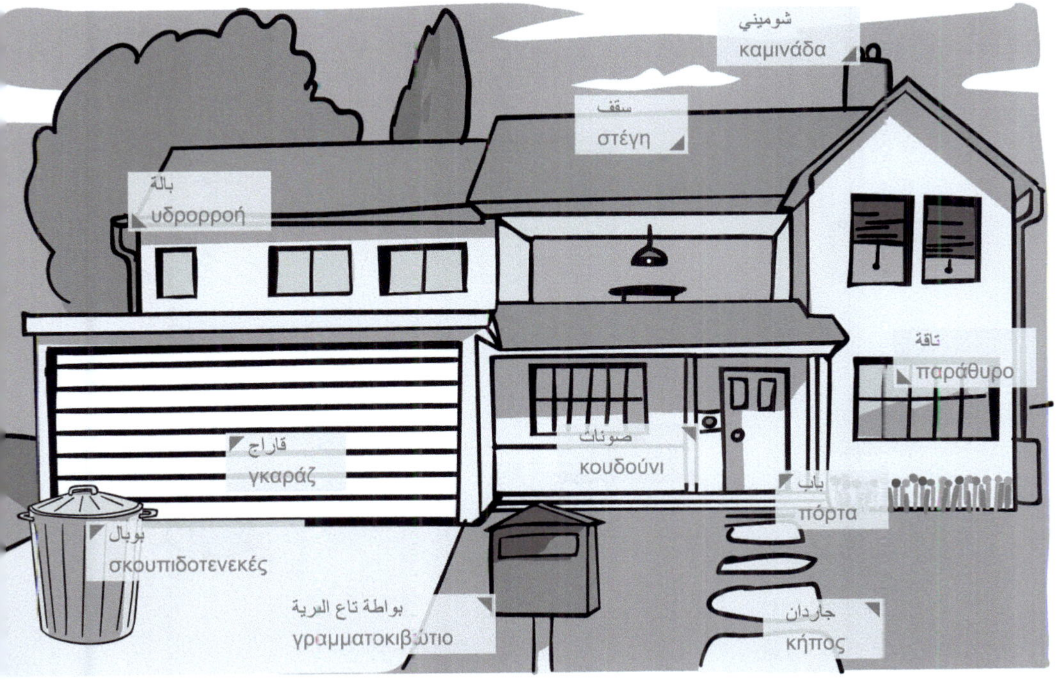

شوميني
καμινάδα
سقف
στέγη
بالة
υδρορροή
تاقة
παράθυρο
قاراج
γκαράζ
صونات
κουδούνι
باب
πόρτα
بوبال
σκουπιδοτενεκές
بواطة تاع البرية
γραμματοκιβώτιο
جاردان
κήπος

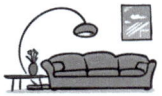

صالون

σαλόνι

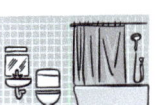

الحمام

μπάνιο

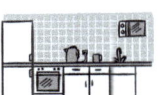

كوزينا

κουζίνα

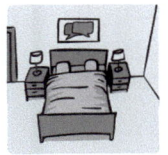

شامبرا تاع رقاد

υπνοδωμάτιο

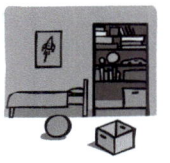

شمبرا تاع ذراري

παιδικό δωμάτιο

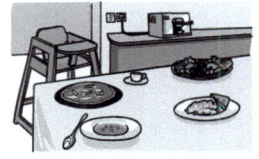

صالة مونجي

τραπεζαρία

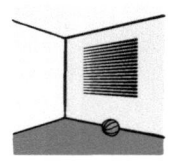

لرض
....
πάτωμα

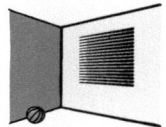

حيط
....
τοίχος

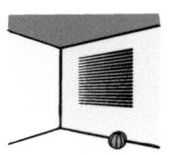

بلافو
....
οροφή

كافا
....
κελάρι

سونا
....
σάουνα

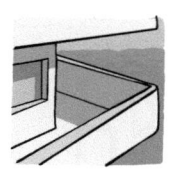

بالكون
....
μπαλκόνι

تيراسة
....
βεράντα

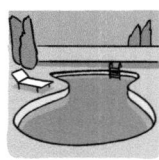

بيسين
....
πισίνα

جزارة تاع حشيش
....
μηχανή του γκαζόν

ااووس
....
σεντόνι

كووات
....
κάλυμμα κρεβατιού

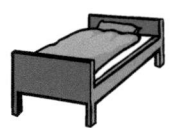

ناموسية
....
κρεβάτι

مصلحة
....
σκούπα

بيدو تاع صليح
....
κουβάς

انتغبيتّور
....
διακόπτης

صالون
σαλόνι

ورق تاع حيطان
ταπετσαρία
تصويرة
φωτογραφία
لامبا
λάμπα
ايتجار
ράφι
بلاكار
ντουλάπι
تيفزيون
τηλεόραση
شوميني
τζάκι
زهرة
λουλούδι
مخدة
μαξιλάρι
صافا
καναπές
فاز
βάζο
تيليكومند
τηλεκοντρόλ

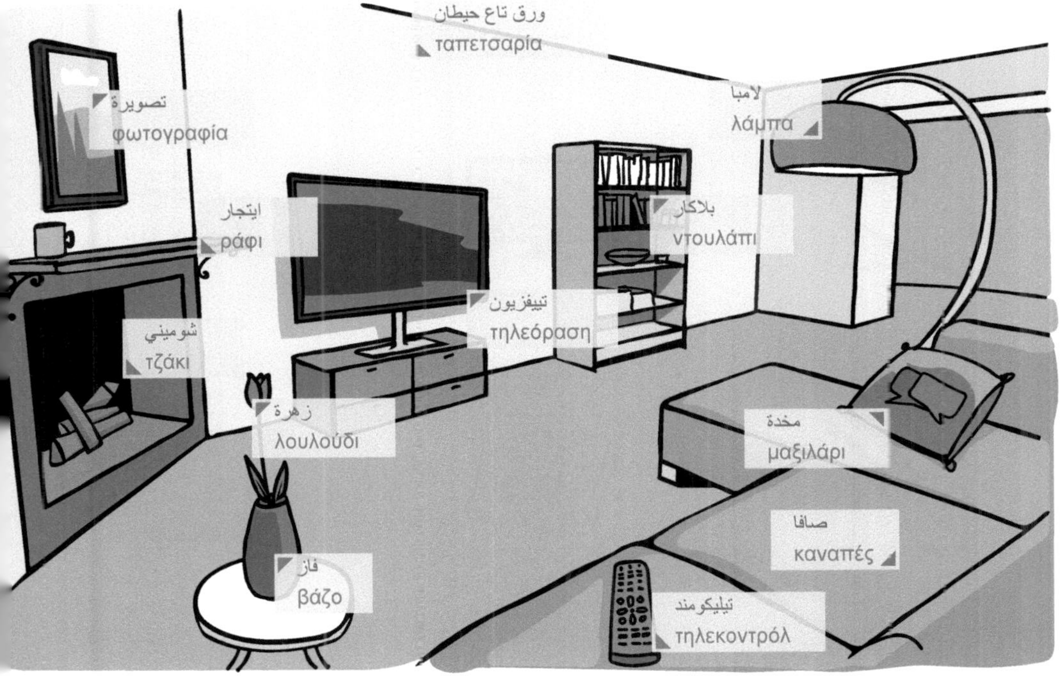

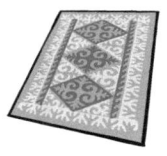

طابي

χαλί

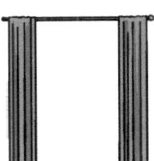

ريدو

κουρτίνα

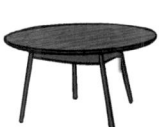

طابلة

τραπέζι

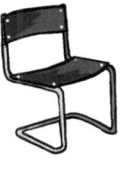

كرسي

καρέκλα

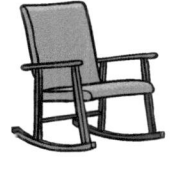

كرسي يبوجي

κουνιστή πολυθρόνα

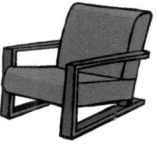

فوتاي

πολυθρόνα

كتاب
βιβλίο

طوفيرطة
κουβέρτα

زواق
διακόσμηση

الحطب
καυσόξυλα

فيلم
ταινία

الستيريو
στερεοφωνικό σύστημα

مفتاح
κλειδί

جرنان
εφημερίδα

كادر
πίνακας ζωγραφικής

بوستار
αφίσα

راديو
ραδιόφωνο

كناش
σημειωματάριο

اسبيراتور
ηλεκτρική σκούπα

صبار
κάκτος

شمعة
κερί

كوزينا
κουζίνα

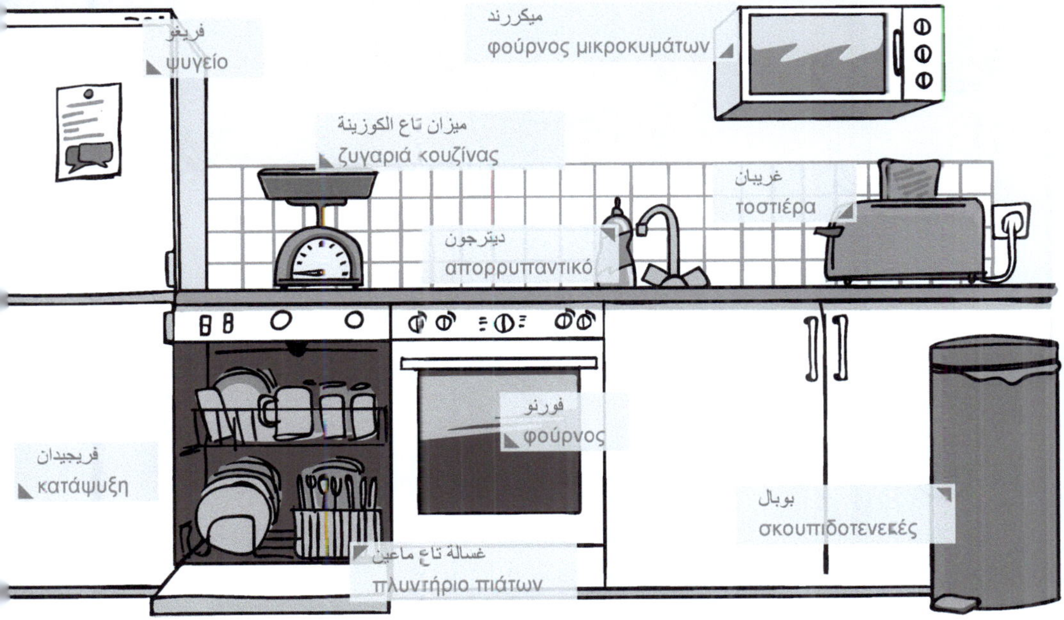

فريغو
ψυγείο
ميكروند
φούρνος μικροκυμάτων
ميزان تاع الكوزينة
ζυγαριά κουζίνας
غريبان
τοστιέρα
ديترجون
απορρυπαντικό
فورنو
φούρνος
فريجيدان
κατάψυξη
بوبال
σκουπιδοτενεκές
غسالة تاع ماعين
πλυντήριο πιάτων

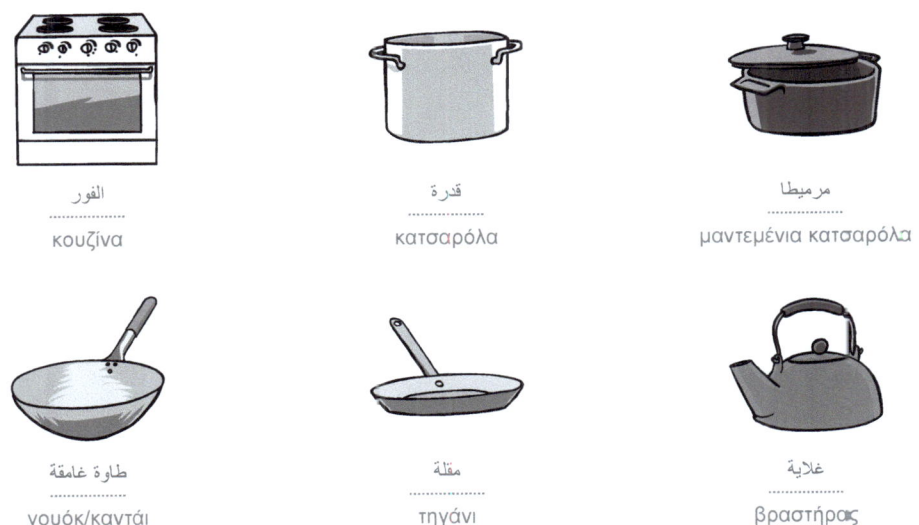

الفور
κουζίνα

قدرة
κατσαρόλα

مرميطا
μαντεμένια κατσαρόλα

طاوة غامقة
γουόκ/καντάι

مقلة
τηγάνι

غلاية
βραστήρας

قدرة

ατμομάγειρας

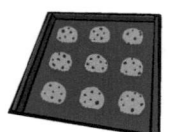
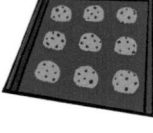

سني

ταψί

ماعين

πιατικά

قويلي

κούπα

طبسي

μπολ

مطارق تاع الماكلة

ξυλάκια

لوشة

κουτάλα

سباتولة

σπάτουλα

الضرابة

ανακατεύω

كسكاس

σουρωτήρι

صفاية

σουρωτηράκι

راب

τρίφτης

مهراز

γουδί

شواية

ψησταριά

موقد

ανοιχτή φωτιά

شانونلب

σανίδα κοπής

رولو

πλάστης

الحلال

ανοιχτήρι φελλών

قايسة

κονσέρβα

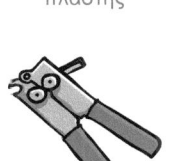

الحلال

ανοιχτήρι κονσέρβας

كتان

γάντι φούρνου

لافابو

νεροχύτης

بروسة

βούρτσα

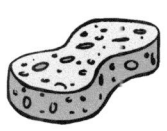

بونجة

σφουγγάρι

الخلاط

μπλέντερ

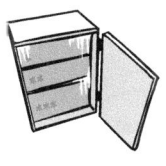

فريغو

καταψύκτης

بيبيرونة

μπιμπερό

سبالة

βρύση

شوفاج
θέρμανση

سربيتة
πετσέτα

حمام بالرغوة
αφρόλουτρο

بنوار
μπανιέρα

دوش
ντους

ريدو تاع لادوش
κουρτίνα ντουζ

كاس
ποτήρι

غسالة تاع حوايج
πλυντήριο ρούχων

كرلاج
πλακάκια

سيبالة
βρύση

لبو
γιογιό

لافابو
νεροχύτης

تواالات
τουαλέτα

تواالات تركي
τούρκικη τουαλέτα

غسال الرجلين
μπιντές

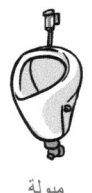

مبولة
ουρητήριο

ورق تاع تواالات
χαρτί υγείας

بروسة تاع تواالات
πιγκάλ

بروسدون

οδοντόβουρτσα

دونتفريس

οδοντόκρεμα

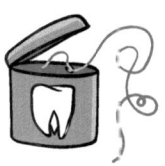

خيط السنان

οδοντικό νήμα

يغسل

πλένω

دوش تاع دوشات

-ηλέφωνο ντους

دوشات

ντουσιέρα

لافابو

λεκάνη

بروسا تاع الظهر

βούρτσα πλάτης

صابون

σαπούνι

جال دوش

αφρόλουτρο

شنبوان

σαμπουάν

الحبل

φανέλα

قادوس

σιφόνι

بومادة

κρέμα

ديودورون

αποσμητικό

مراية
καθρέφτης

مراة صغيرة
καθρέφτης χειρός

رازوار
ξυραφάκι

لاموس
αφρός ξυρίσματος

كولون
αφτερσέιβ

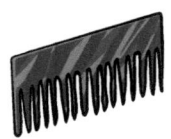

مشطة
χτένα

بروسة
βούρτσα

سشوار
σεσουάρ

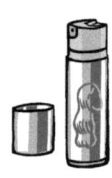

مثبت الشعر
λακ

مكياج
μακιγιάζ

روجالافو
κραγιόν

فرني
βερνίκι νυχιών

قطن
βαμβάκι

كوبنغل
ψαλίδι νυχιών

ريحة
άρωμα

حمام تاع سروسة
νεσεσέρ

طابوري
σκαμπό

ميزان
ζυγαριά

رواني
μπουρνούζι

جاياتوينلا تاع تانوغيل
ελαστικά γάντια

تمبون
ταμπόν

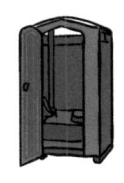

لبيود نليل
πετσέτα υγιεινής

توالات
χημική τουαλέτα

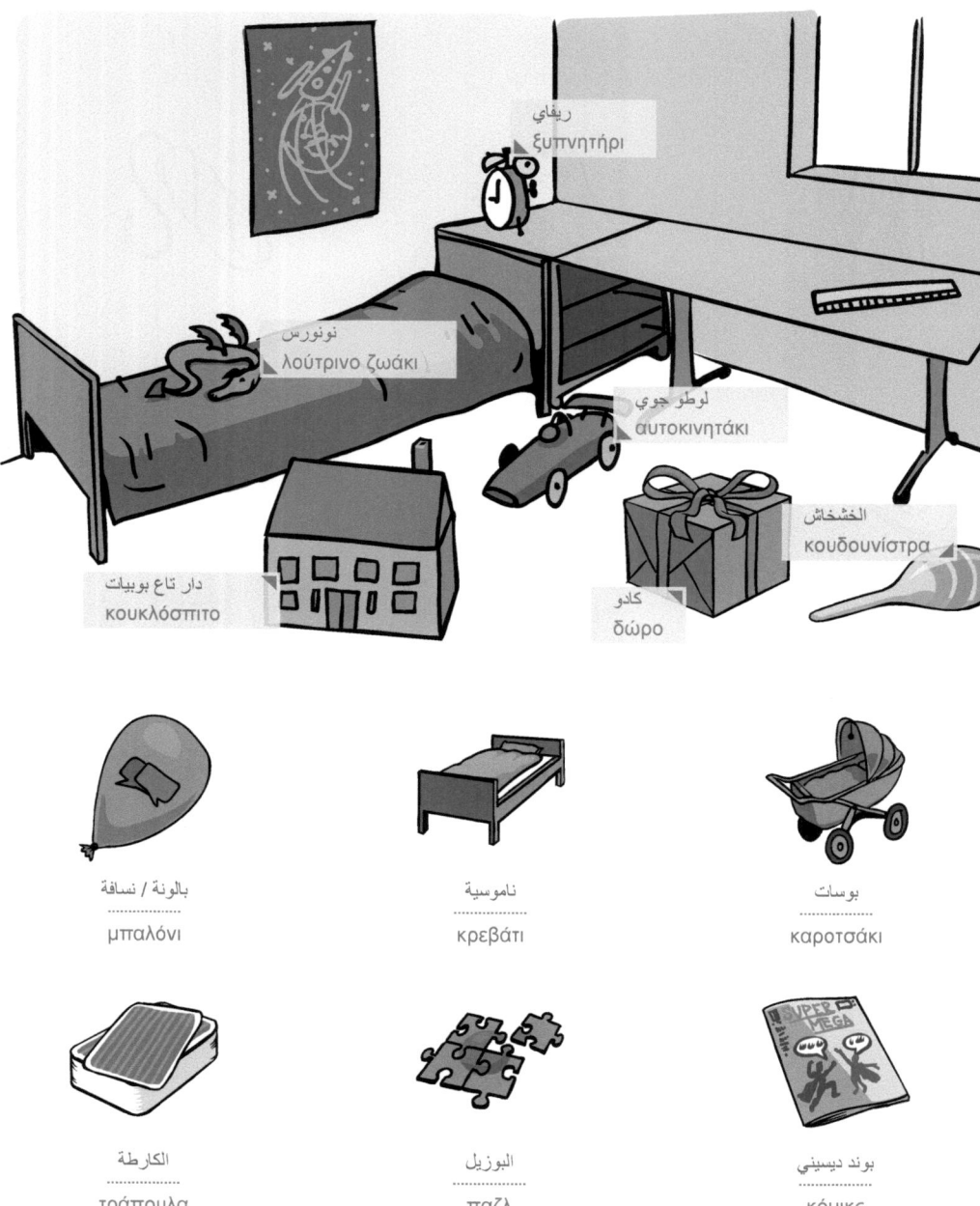

ريفاي
ξυπνητήρι

نونورس
λούτρινο ζωάκι

لوطو جوي
αυτοκινητάκι

الخشخاش
κουδουνίστρα

دار تاع بوبيات
κουκλόσπιτο

كادو
δώρο

بالونة / نسافة
μπαλόνι

ناموسية
κρεβάτι

بوسات
καροτσάκι

الكارطة
τράπουλα

البوزيل
παζλ

بوند ديسيني
κόμικς

اللّيغو
τουβλάκια lego

حجر يبنوه
του3λάκια κατασκευών

بوبية
φιγούρα δρέσης

لبسة تاع البيبي
βρεφικό φορμάκι

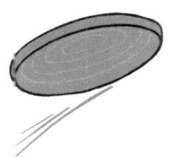

فريزي
φρίσμπι

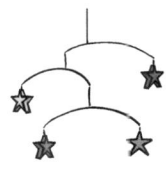

اللهاية
μόμπιλο

لعبة الطابلة
επιτραπέζιο παιχνίδι

الدي
ζάρια

التران
σετ τρενάκι

سوسات
πιπίλα

حفلة / الفيشطة
πάρτι

كتاب بتصاوير
εικονογραφημένς βιβλίэ

بالون
μπάλα

بوبية
κούκλα

يلعب
παίζω

بارك بالرملة

σκάμμα με άμμο

بنصوار

κούνια

جوي

παιχνίδια

منيطا

κονσόλα βιντεοπαιχνιδιών

بيسكلات

τρίκυκλο

دبدوب

αρκουδάκι

ماريو

ντουλάπα

حوايج

ρούχα

نقاشر

κάλτσες

ليبا

καλτσοδέτες

كولو

καλσόν

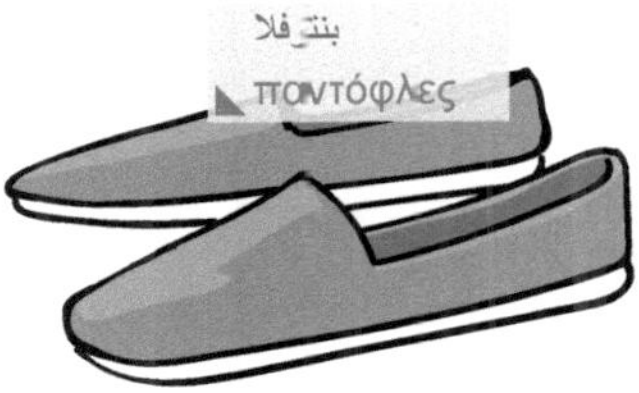

شال
κασκόλ

بربلوي
ομπρέλα

حزام
ζώνη

تريكو
μπλουζάκι

بوط
μπότες

بنتوفلا
παντόφλες

تينيسا / سبردينا
αθλητικά παπούτσια

صندالة
σανδάλια

صباط
παπούτσια

بوط بلاستيك
γαλότσες

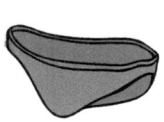

كالسون
εσώρουχο

سوتيان
σουτιέν

حويج تاع داخل
φανέλα

لاسق على الجسم

σώμα

سروال

παντελόνι

جين

τζιν παντελόνι

جيبا

φούστα

طابلية

μπλούζα

قمجة

πουκάμισο

تريكو

πουλόβερ

قارديقون

πουλόβερ

بلازار

σακάκι

فيستا

μπουφάν

بالطو

παλτό

بالطو

αδιάβροχο πανωφόρι

كوستيم

κοστούμι

روبا

φόρεμα

روب بلونش

νυφικό

كوستيم

κοστούμι

شوميز دونوي

νυχτικό

بيجاما

πιτζάμες

ساري

σάρι

حجاب

μαντήλι

عمامة

τουρμπάνι

برقع

μπούρκα

قفطان

καφτάνι

عباية

μουσουλμανικό ένδυμα

مايو

ολόσωμο μαγιό

سروال تاع عوم

ανδρικό μαγιό

شورت

σορτς

لبسة تاع سبور

αθλητική φόρμα

طابلية

ποδιά

ليڤونات

γάντια

قفلة

κουμπί

نواظر

γυαλιά

براسلي

βραχιόλι

سنسلة

περιδέραιο

خاتم

δαχτυλίδι

منقوش

σκουλαρίκι

بوني

καπέλο

سانتر

κρεμάστρα

شابو

καπέλο

قرافاطة

γραβάτα

غيمة

φερμουάρ

كاسك

κράνος

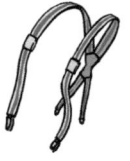

بروتال

τιράντες

اللبة تاع ليكول

μαθητική στολή

لينيفورم

στολή

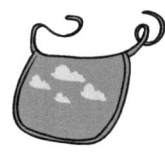

رياقة

σαλιάρα

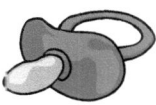

سوسات

πιπίλα

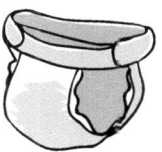

ليكوش

πάνα

بيرو

γραφείο

سارفر
σέρβερ
خزانة تاع الملفات
αρχειοθήκη
امبريمانت
εκτυπωτής
ورقة
χαρτί
ليكرون
οθόνη
لاسوري
ποντίκι
بيرو
γραφείο
كلاسور
ντοσιέ
كلافيي
πληκτρολόγιο
بوبال
καλάθι αχρήστων
كرسي
καρέκλα
أوردیناتور
υπολογιστής

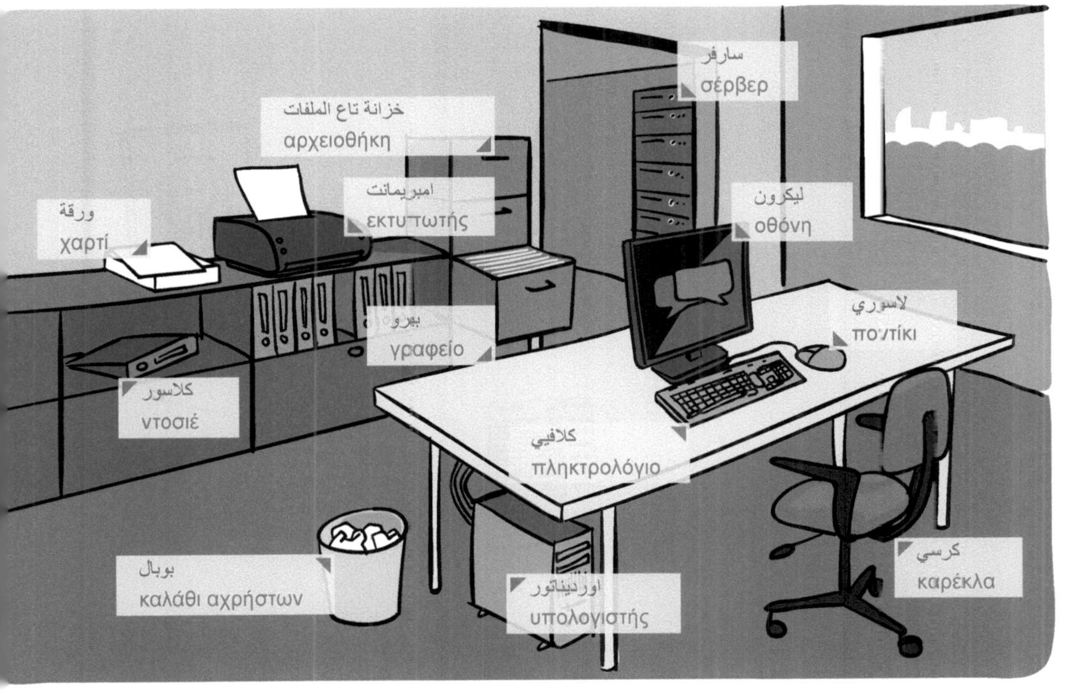

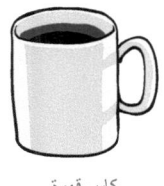

كاس قهوة

κούπα του καφέ

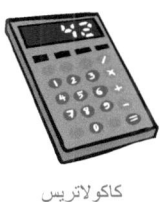

كاكولاتريس

κομπιουτεράκι

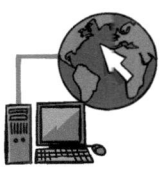

لانترنت

ίντερνετ

اوردیناتور

λάπτοπ

بريّة

γράμμα

ميساج

μήνυμα

بورطابل

κινητό

ريزو

δίκτυο

فوطوكوبي

φωτοτυπικό μηχάνημα

لوجسيال

λογισμικό

تيلفون

τηλέφωνο

بريزة

πρίζα

فاكس

συσκευή φαξ

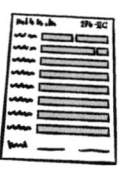

استمارة

έντυπο

وثيقة

έγγραφο

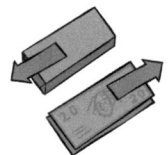

يَشْري
αγοράζω

يخلص
πληρώνω

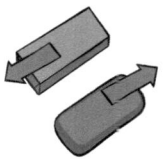

يتاجر
συναλλάσσομαι

دراهم
χρήματα

 **USD**

دولار
δολάριο

 **EUR**

اورو
ευρώ

 **JPY**

ين
γιεν

 **RUB**

روبل
ρούβλι

 **CHF**

فرنك سويسري
ελβετικό φραγκο

 **CNY**

يوان
ρενμίνμπι γιουάν

 **INR**

روبية
ρουπία

ديستريبيتور
ATM (αυτόματη ταμειακή μηχανή)

بيرة تاع الصرف

ανταλλακτήρια
συναλλάγματος

ذهب

χρυσός

فضة

ασήμι

نفط

πετρέλαιο

طاقة

ενέργεια

السومة

τιμή

عقد

συμβόλαιο

طاكس

φόρος

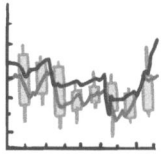

سهم

μετοχή

يخدم

δουλεύω

خدام

υπάλληλος

مول الشي

εργοδότης

وزين

εργοστάσιο

حانوت

κατάστημα

الخدمة

επαγγέλματα

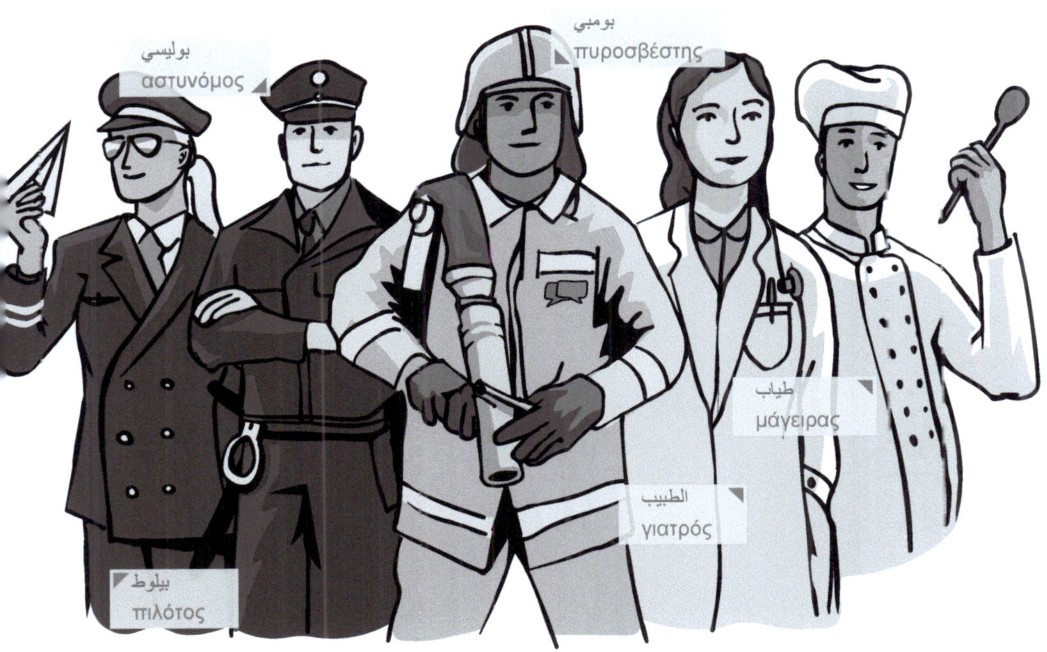

بوليسي
αστυνόμος
بومبي
πυροσβέστης
طياب
μάγειρας
الطبيب
γιατρός
بيلوط
πιλότος

جرديني

κηπουρός

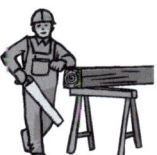

نجار

ξυλουργός

خياط

μοδίστρα

قاضي

δικαστής

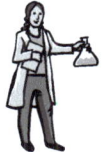

شيميك

χημικός

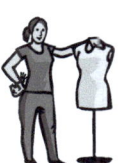

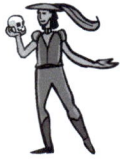

ممثل

ηθοποιός

شوفير

οδηγός λεωφορείου

طاكسيور

ταξιτζής

صياد

ψαράς

خدامة

καθαρίστρια

ماصو تاع السقف

τεχνίτης στεγών

سارفور

σερβιτόρος

صياد

κυνηγός

بنتار

ζωγράφος

خباز

αρτοποιός

الكتريسيان

ηλεκτρολόγος

ماصون

οικοδόμος

مهندس

μηχανολόγος

بوشي

κρεοπώλης

بلومبي

υδραυλικός

فاكتور

ταχυδρόμος

جندي
στρατιώτης

ارشيتكت
αρχιτέκτονας

كاسسي
ταμίας

بياع اورد
ανθοπώλης

كوافير
κομμωτής

الكنترول
ελεγκτής εισιτηρίων

ميكانيسيان
μηχανικός

كابيتان
καπετάνιος

طبيب سنان
οδοντίατρος

عالِم
επιστήμονας

حاخام
ραβίνος

امام
ιμάμης

موان
μοναχός

موان
ιερέας

ليزوتي
εργαλεία

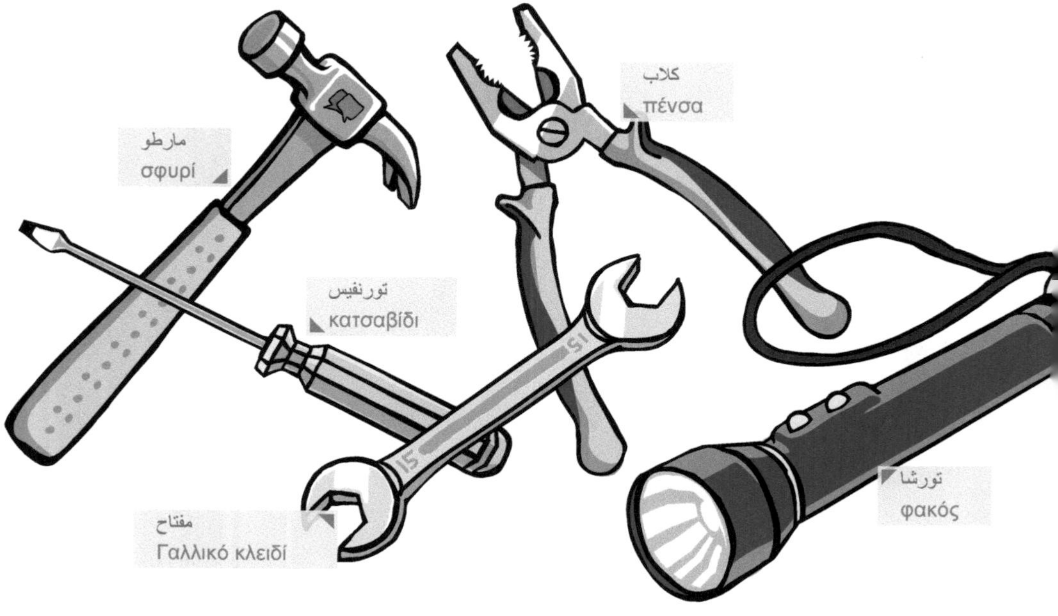

كلاب
πένσα
مارطو
σφυρί
تورنفيس
κατσαβίδι
توروشا
φακός
مفتاح
Γαλλικό κλειδί

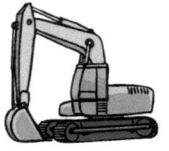

جرافة
εκσκαφέας

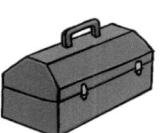

قايصة نتاع ليزوتي
εργαλειοθήκη

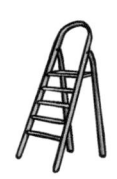

سلوم
σκάλα

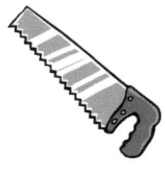

منشار
πριόνι

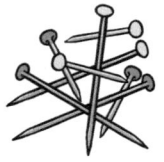

مسامير
καρφιά

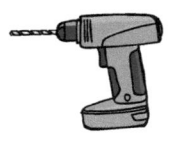

برسوز
τρυπάνι

يصنع

επισκευάζω

البالة

φτυάρι

ياويلي

Να πάρει!

بالا

φαράσι

بو تاع بنتورة

δοχείο χρωμάτων

ليفيس

βίδες

آلات موسيقية

μουσικά όργανα

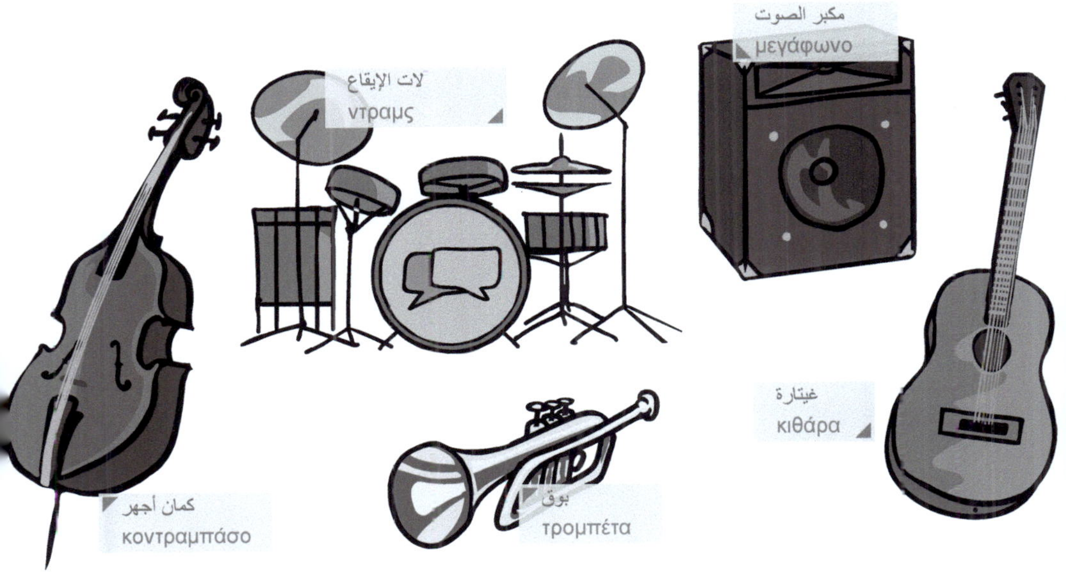

لات الإيقاع
ντραμς

مكبر الصوت
μεγάφωνο

كمان أجهر
κοντραμπάσο

بوق
τρομπέτα

غيتارة
κιθάρα

بيانو

πιάνο

كمنجة

βιολί

جهير

μπάσο

طبل كبير

τύμπανα

طبل

τύμπανο

بيانو كهربائي

πλήκτρα

ساكسوفون

σαξόφωνο

ناي

φλάουτο

ميكروفون

μικρόφωνο

حديقة حيوانات

ζωολογικός κήπος

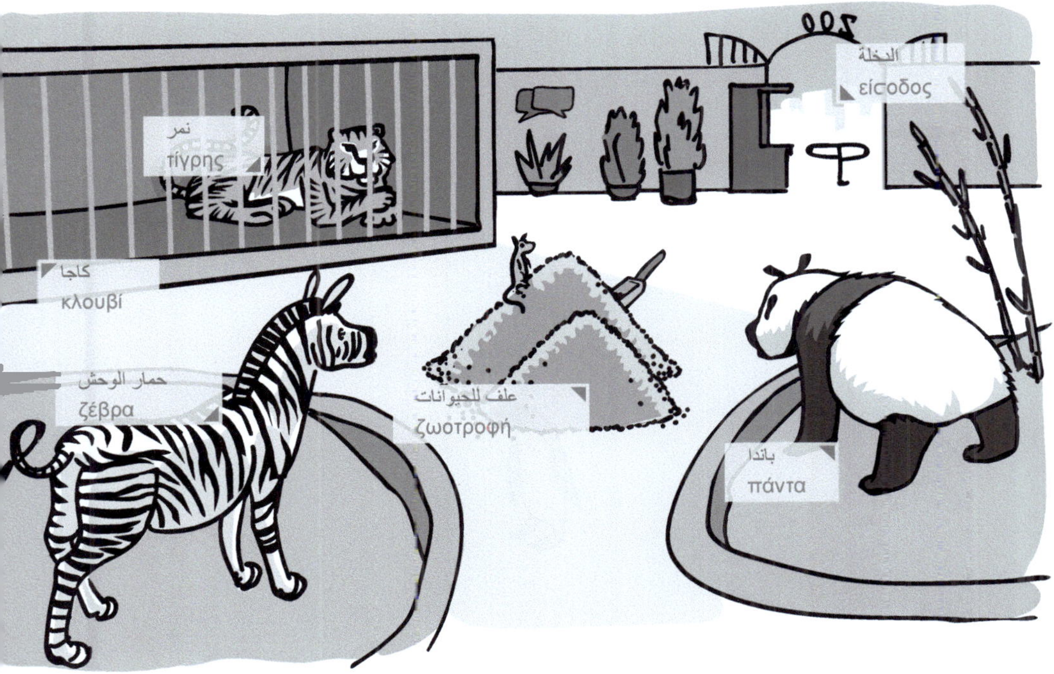
الدخلة
είσοδος
نمر
τίγρης
كاجا
κλουβί
حمار الوحش
ζέβρα
علف للحيوانات
ζωοτροφή
باندا
πάντα

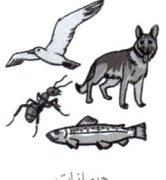

حيوانات

ζώα

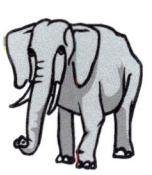

فيل

ελέφαντας

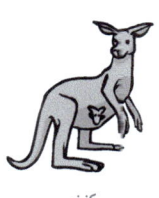

كنغر

καγκουρό

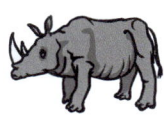

وحيد القرن

ρινόκερος

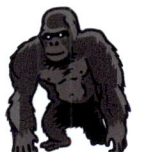

غوريلا

γορίλας

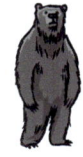

دب

αρκούδα

جمل

καμήλα

نعامة

στρουθοκάμηλος

سبع

λιοντάρι

قشيطا

πίθηκος

فلامونغوز

φλαμίνγκο

بيروكي

παπαγάλος

دب قطبي

πολική αρκούδα

بطريق

πιγκουίνος

سمك القرش

καρχαρίας

طاووس

παγώνι

لفعة

φίδι

تمساح

κροκόδειλος

عساس في حديقة الحيوان

φύλακας ζωολογικού κήπου

عجل البحر

φώκια

نمر أمريكي مرقط

τζάγκουαρ

فرس قزم

πόνυ

نمر

λεοπάρδαλη

فرس النهر

ιπποπόταμος

زرافة

καμηλοπάρδαλη

نسر

αετός

خنزير

αγριογούρουνο

حوت

ψάρι

سلحفاة

χελώνα

حيوان فظ البحري

θαλάσσιος ίππος

ثعلب

αλεπού

غزال

γαζέλα

سبور

αθλήματα

بالون اميريكا
Αμερικάνικο ποδόσφαιρο

الركبة تاع البيسكلت
ποδηλασία

تينيس
αντισφαίριση

باسكات
μπάσκετ

العوم
κολύμβηση

بوكس
πυγχαμία

هوكي
χόκεϋ επί πάγου

بالون
ποδόσφαιρο

الريشة الطائرة
μπάντμιντον

اتلاتيزم
στίβος

الهوند
χάντμπολ

سكي
σκι

بولو
πόλο

δραστηριότητες

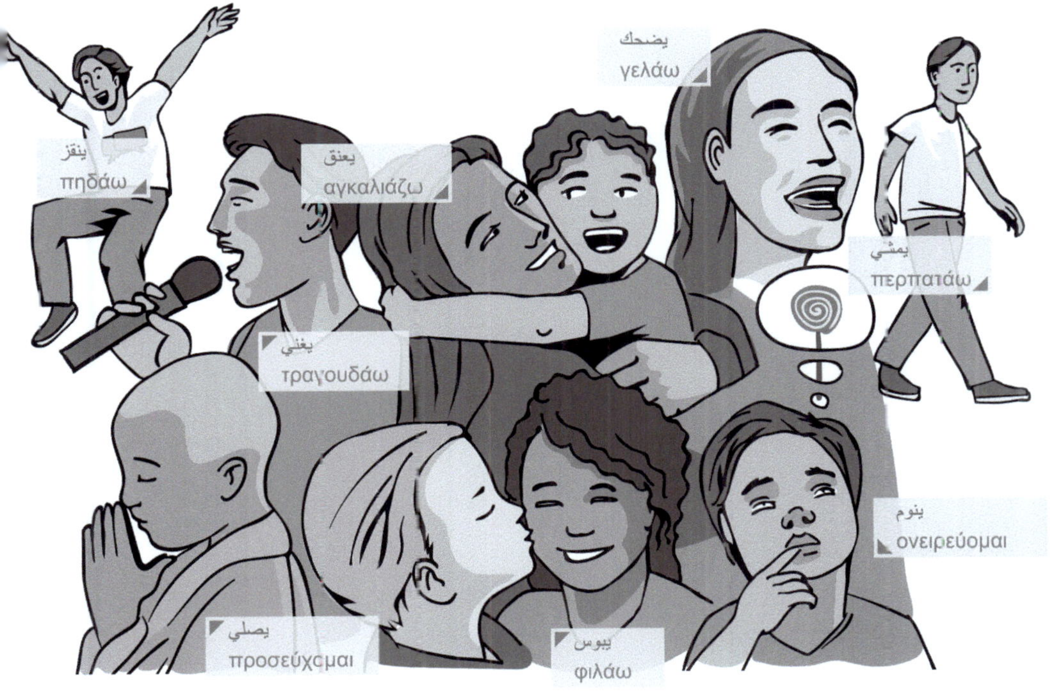

يضحك
γελάω
ينقز
πηδάω
يعنق
αγκαλιάζω
يمشي
περπατάω
يغني
τραγουδάω
ينوم
ονειρεύομαι
يصلي
προσεύχομαι
يبوس
φιλάω

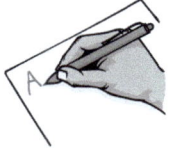

يكتب

γράφω

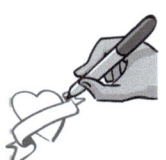

يرسم

σχεδιάζω

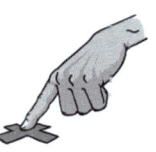

يوري

δείχνω

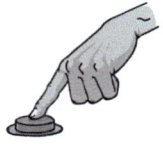

يدمر

πιέζω

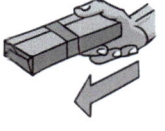

يعطي

δίνω

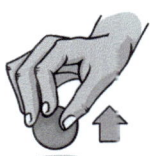

يدي

παίρνω

يملك

έχω

يخدم

κάνω

كاين

είμαι

يوقف

στέκομαι

يجري

τρέχω

يجبد

τραβάω

يقيس / يرمي

ρίχνω

يطيح

πέφτω

يتكسل

ξαπλώνω

يشوف

περιμένω

يرفد

κουβαλώ

يقعد

κάθομαι

يلبس

φοράω

يرقد

κοιμάμαι

ينوظ

ξυπνάω

يشوف في

κοιτάω

يبكي

κλαίω

يحكك

χαϊδεύω

يمشّط

χτενίζω

يهدر

μιλάω

يفهم

καταλαβαίνω

يسقسي

ρωτάω

يسمع

ακούω

يشرب

πίνω

يأكل

τρώω

يخمل

συγυρίζω

يبغي

αγαπάω

يطيب

μαγειρεύω

يصوق

οδηγώ

يطير

πετάω

نشطات - δραστηριότητες

يبحر بالفلوكة

κάνω ιστιοπλοΐα

يحسب

υπολογίζω

يقرا

διαβάζω

يتعلم

μαθαίνω

يخدم

δουλεύω

يتزوج

παντρεύομαι

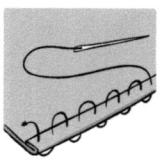

يخيط

ράβω

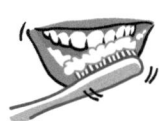

يغسل سنانو

βουρτσίζω τα δόντια

يكتل

σκοτώνω

يكمي

καπνίζω

يرسل

στέλνω

οικογένεια

الحدة
γιαγιά

الجد
παππούς

الاب
πατέρας

الام
μητέρα

الذري
μωρό

البنت
κόρη

الولد
γιος

ضيف
καλεσμένος

العمة / الخالة
θεία

العم / الخال
θείος

الخو
αδελφός

الخت
αδελφή

الجسم

σώμα

الجبهة
μέτωπο
العين
μάτι
الكتف
ώμος
صبع
δάχτυλο
الوجه
πρόσωπο
اللحية
πιγούνι
اليد
χέρι
الصدر
στήθος
الساق
πόδι
الذراع
βραχίονας

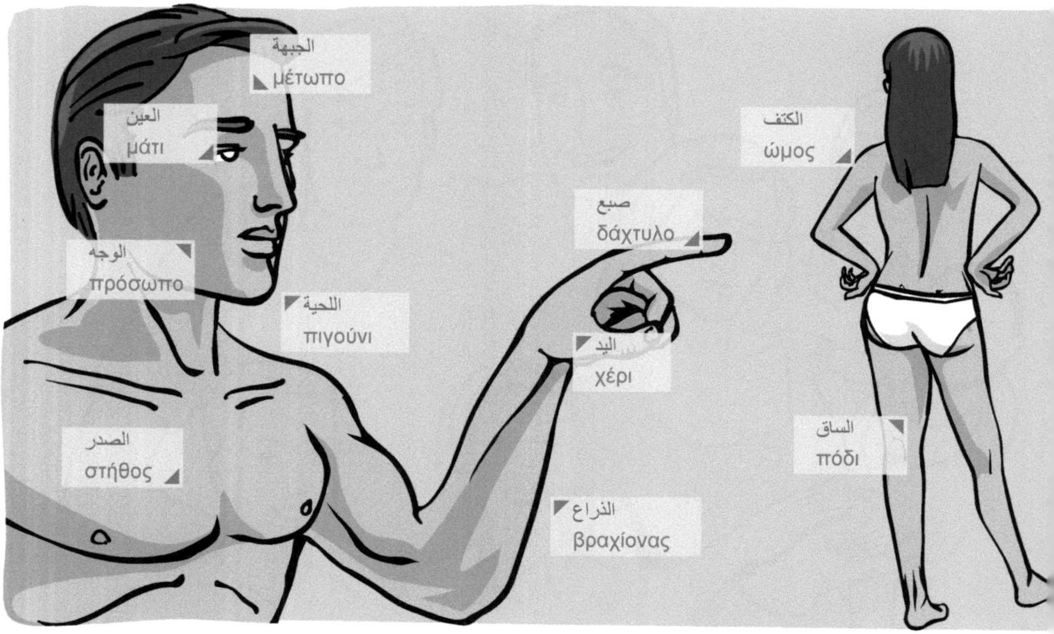

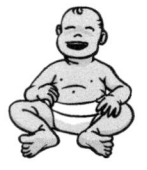

الذري

μωρό

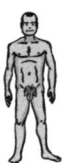

الراجل

άνδρας

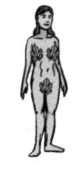

المرا

γυναίκα

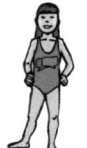

الشيرة، الطفلة

κορίτσι

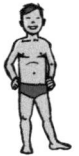

الشير

αγόρι

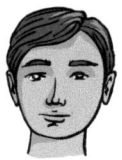

الراس

κεφάλι

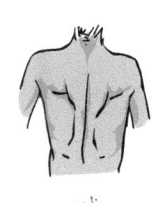

ظهر
πλάτη

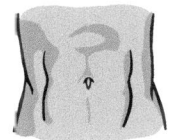

الكرش
κοιλιά

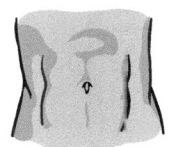

السرة
αφαλός

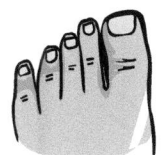

صبع
δάχτυλο ποδιού

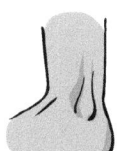

طالون
φτέρνα

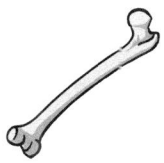

العظم
κόκκαλς

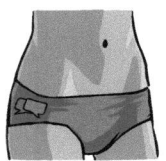

المرادف
γοφός

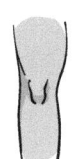

الركبة
γόνατο

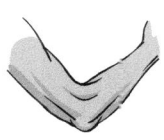

لمرفغ
αγκώνας

نيف
μύτη

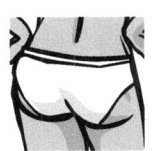

مصاصيط
γλουτός

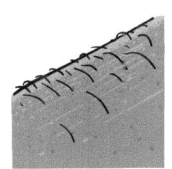

البشرة
δέρμα

الحنوك
μάγουλο

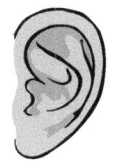

لوذن
αυτί

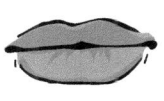

شورب
χείλος

الفم

στόμα

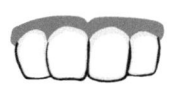

السنة

δόντι

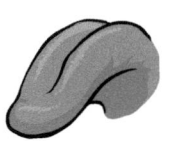

اللسان

γλώσσα

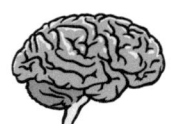

الدماغ

εγκέφαλος

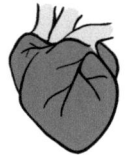

القلب

καρδιά

العضلة

μυς

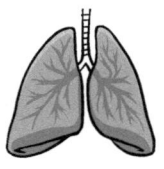

الرية

πνεύμονας

الكبدة

συκώτι

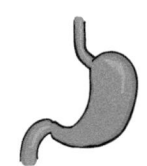

لسطوما

στομάχι

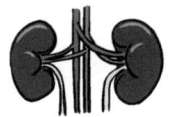

كلوى

νεφρά

رابور

σεξουαλική επαφή

بريزارفتيف

προφυλακτικό

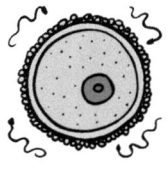

البويضة

ωάριο

سيرم

σπέρμα

بلكرش

εγκυμοσύνη

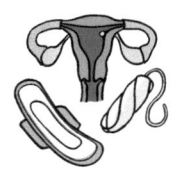

ليراغل

περίοδος

المهبل

γυναικείος κόλπος

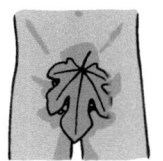

المذاكر

πέος

الحاجب

φρύδι

الشعر

μαλλιά

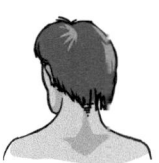

رقبة

λαιμός

سبيطار
νοσοκομείο

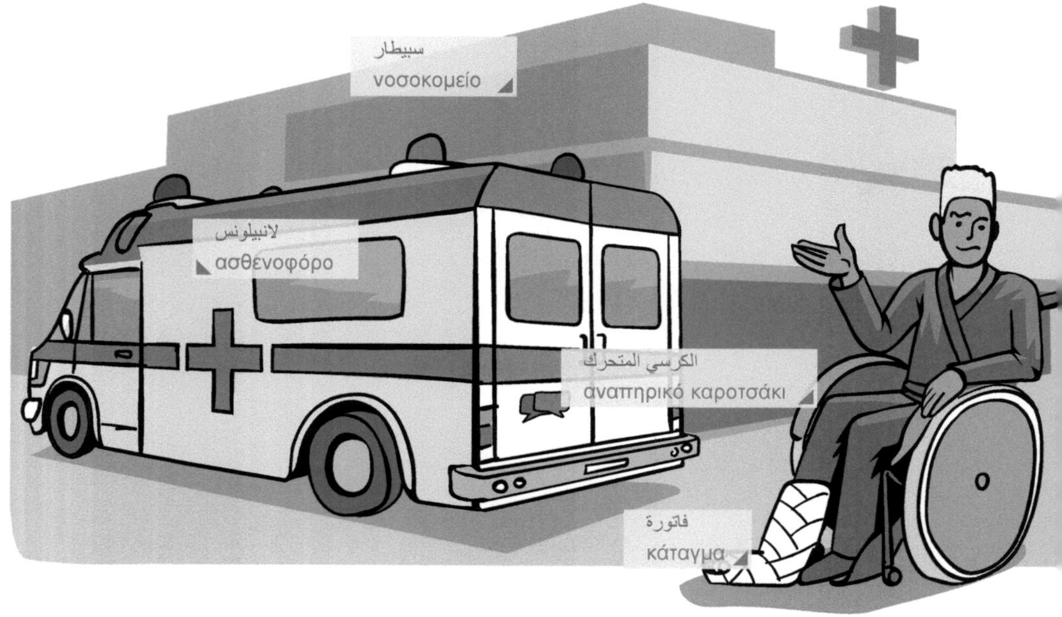

سبيطار
νοσοκομείο
لانبيلونس
ασθενοφόρο
الكرسي المتحرك
αναπηρικό καροτσάκι
فاتورة
κάταγμα

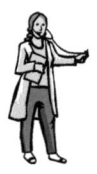

الطبيب

γιατρός

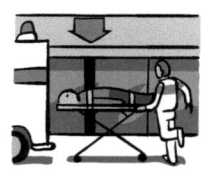

ليزيرجونس

μονάδα εντατικής θεραπείας

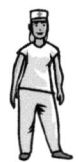

الممرضة

νοσοκόμα

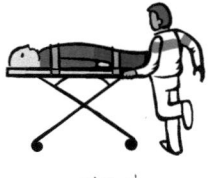

ليرجونس

έκτακτη ανάγκη

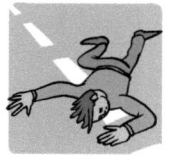

تغاشى

λιπόθυμος

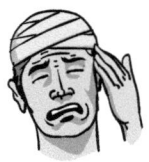

الوجع

πόνος

الجرح

τραύμα

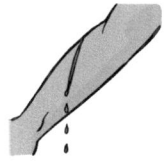

يسل الدم

αιμορραγία

القلب

έμφραγμα

لا يفيسي

εγκεφαλικό

لالرجي

αλλεργία

الكحة

βήχας

الحمة

πυρετός

لاقريب

γρίπη

الاسهال

διάρροια

ميغران

πονοκέφαλος

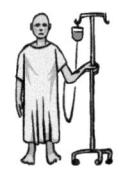

السرطان

καρκίνος

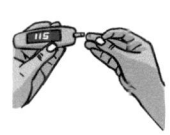

السكر

διαβήτης

الجراح

χειρουργός

مبضع

νυστέρι

عملية تاع القلب

εγχείρηση

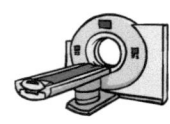

لاسيتي

αξονική τομογραφία

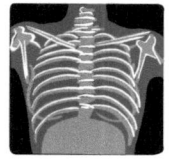

الراديو

ακτινογραφία

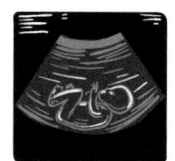

لولتخازون

υπέρηχος

لماسك

μάσκα

المرض

ασθένεια

وين يقارعو

αίθουσα αναμονής

العكاز

πατερίτσα

سكوتش

χάνσαπλαστ

لبانسما

επίδεσμος

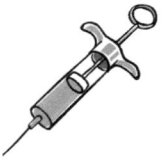

لبرة

ένεση

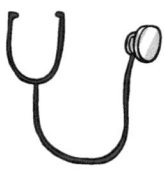

السماعة تاع الطبيب

στηθοσκόπιο

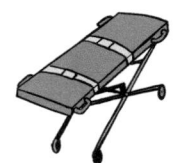

نقالة

φορείο

لوزنو بيه الحمة

θερμόμετρο

زيادة

γέννηση

السمونية

υπέρβαρο

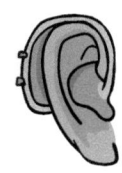

جهاز السمع

ακουστικό βαρηκοΐας

المعقم

αντισηπτικό

نفكسون

λοίμωξη

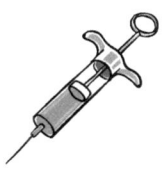

الفيروس

ιός

السيدا

HIV/AIDS

الدوا

φάρμακο

الفاكسان

εμβολιασμός

الدوا حب

δισκία

بيلولة

χάπι

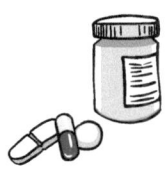

يعيط للنجدة

κλήση έκτακτης ανάγκης

الجهاز ليقيسو بيه الدم

πιεσόμετρο αίματος

مريض / صحيح

άρρωστος ' υγιής

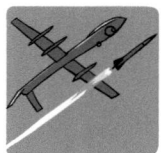

سلكوني

Βοήθεια!

لالارم

συναγερμός

يتعدادا

βιαιοπραγία

يهجم

επίθεση

دونجي

κίνδυνος

مخرج الطوارئ

έξοδος κινδύνου

النار شاعلة

Φωτιά!

λκستانتور

πυροσβεστήρας

اكسيدون

ατύχημα

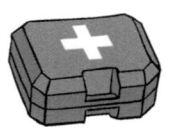

فيزة تاع الاسعاف الاولي

κουτί πρώτων βοηθειών

سلكونا

SOS

لابوليس

αστυνομία

أوروبا

Ευρώπη

أمريكا الشمالية

Βόρεια Αμερική

أمريكا الجنوبية

Νότια Αμερική

أفريقيا

Αφρική

آسيا

Ασία

أستراليا

Αυστρ∍λία

المحيط الأطلسي

Ατλαντικός Ωκεανός

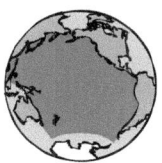

المحيط الهادي

Ειρηνικός Ωκεανός

المحيط الهندي

Ινδικός Ωκεανός

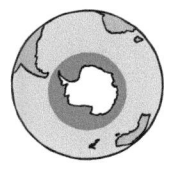

المحيط المتجمد الجنوبي

Ανταρκτικός Ωκεανός

المحيط المتجمد الشمالي

Αρκτικός Ωκεανός

القطب الشمالي

Βόρειος Πόλος

القطب الجنوبي

Νότιος Πόλος

منطقة القطب الجنوبي

Ανταρκτική

أرض

Γη

بلاد

γη

بحر

θάλασσα

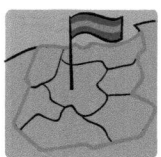

جزيرة

νησί

امة

έθνος

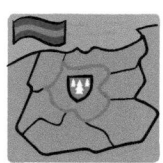

دولة

πολιτεία

ميناء الساعة

καντράν ρολογιού

عقرب الساعات

ωροδείκτης

عقرب الدقائق

λεπτοδείκτης

عقرب الثواني

δείκτης δευτερολέπτων

شعال راها الساعة؟

Τι ώρα είναι;

يوم

ημέρα

زمن

χρόνος

دروك

τώρα

ساعة رقمية

ψηφιακό ρολόι

دقيقة

λεπτό

ساعة

ώρα

لثنين
Δευτέρα · MO

لاربعا
W · Τετάρτη

الجمعة
Παρασκευή · FR

TU

TH

SA

الثلاثة
Τρίτη

السبت
Σάββατο

SO

لخميس
Πέμπτη

الحد
Κυριακή

لبارح
χθες

اليوم
σήμερα

غدوا
αύριο

صباح
πρωί

القايلة
μεσημέρι

العشية
βράδυ

يامات الخدمة
εργάσιμες ημέρες

ويكاند
Σαββατοκύριακο

العام
έτος

النو
βροχή
قوس قزح
ουράνιο τόξο
الريح
άνεμος
ثلج
χιόνι
الربيع
άνοιξη
الصيف
καλοκαίρι
الخريف
φθινόπωρο
الشتا
χειμώνας

4.APRIL 11°
5.APRIL 4°
6.APRIL 13°
7.APRIL 8°
8.APRIL 10°

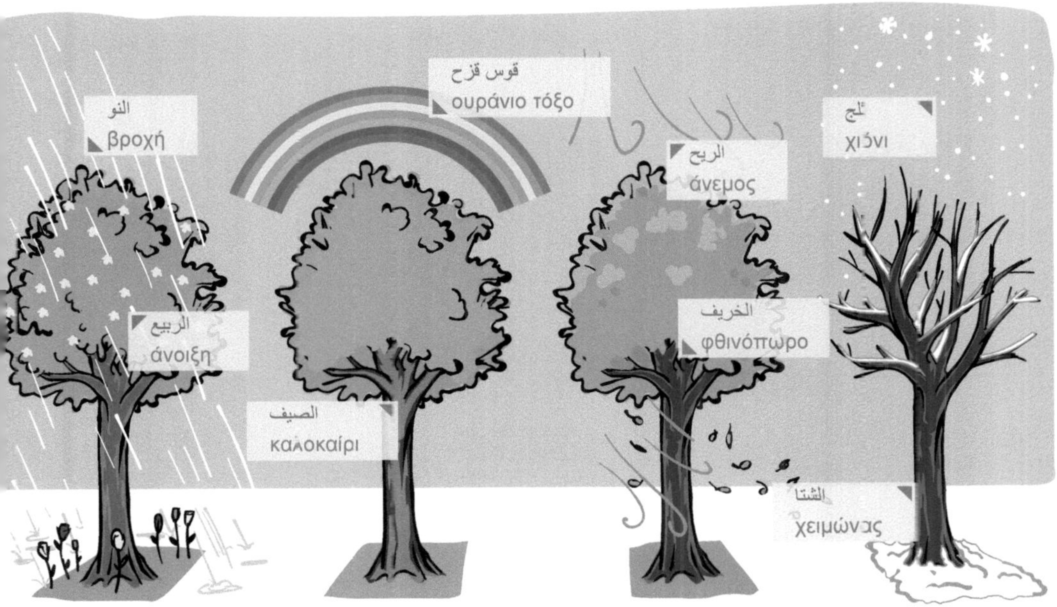

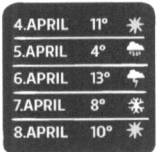

يتنبأ بالحال
....
πρόγνωση καιρού

F
C
120
90
60
30
0
-30
40
30
20
10
0
-10
-20

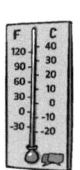

مقياس حرارة
....
θερμόμετρο

ضوء الشمس
....
λιακάδα

سحابة
....
σύννεφο

ضباب
....
ομίχλη

ميديتي
....
υγρασία

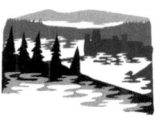

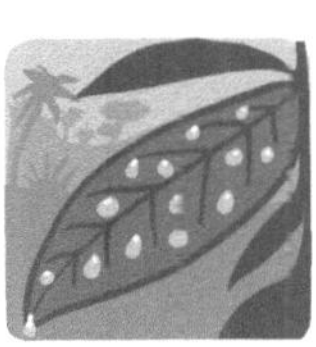

برق
....
αστραπή

رعد
....
κεραυνός

عاصفة
....
καταιγίδα

بَرَد
....
χαλάζι

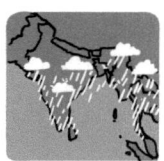

ريح
....
μουσώνας

طوفان
....
πλημμύρα

جليد
....
πάγος

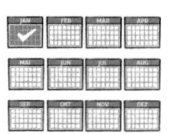

جانفي
....
Ιανουάριος

فيفري
....
Φεβρουάριος

مارس
....
Μάρτιος

افريل
....
Απρίλιος

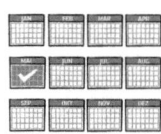

ماي
....
Μάιος

جوان
....
Ιούνιος

جويلية
....
Ιούλιος

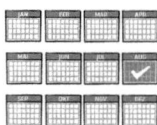

اوت
....
Αύγουστος

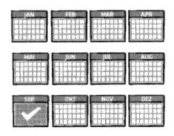

سبتمبر

Σεπτέμβριος

اكتوبر

Οκτώβριος

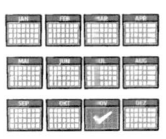

نوفمبر

Νοέμβριος

ديسمبر

Δεκέμβριος

دويرة

κύκλος

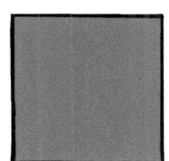

مربع

τετράγωνο

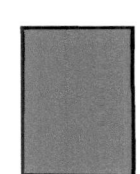

مستطيل

ορθογώνιο
παραλληλόγραμμο

مثلث

τρίγωνο

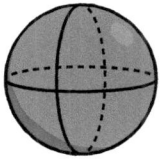

كويرة

σφαίρα

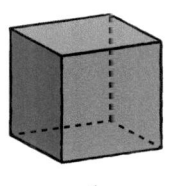

مكعب

κύβος

بيض
....
άσπρο

صفر
....
κίτρινο

تشيني
....
πορτοκαλί

روز
....
ροζ

حمر
....
κόκκινο

حلحالي
....
μωβ

زرق
....
μπλε

خظر
....
πράσινο

قهوي
....
καφέ

قري
....
γκρι

كحل
....
μαύρο

بزاف / شوية

πολύ / λίγο

زعفان / مكالمي

θυμωμένος / ήρεμος

شباب / مشي شباب

όμορφος / άσχημςς

البدية / التالي

αρχή / τέλος

كبير / صغير

μεγάλος / μικρός

فاتح / فونسي

φωτεινός / σκοτεινός

خو / خت

αδελφός / αδελφή

نقي / موسخ

καθαρός / λερωμένος

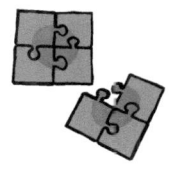

كامل / ناقص

πλήρης / ατελής

نهار / الليل

ημέρα / νύχτα

ميت / حي

νεκρός / ζωντανός

عريض / ضيق

φαρδύς / στενός

يقدو ياكلوه / ميقدروش ياكلوه

βρώσιμος / μη βρώσιμος

شرير / ناس ملاح

κακός / ευγενικός

يثير / يمل

ενθουσιασμένος /
βαριεστημένος

سمين / رقيق

παχύς / λεπτός

اللولا / التالية

πρώτος / τελευταίος

الصاحب / لعدو

φίλος / εχθρός

معمر / فارغ

γεμάτος / άδειος

قاصح / سوبل

σκληρός / μαλακός

ثقيل / خفيف

βαρύς / ελαφρύς

جوع / عطش

πείνα / δίψα

مريض / صحيح

άρρωστος / υγιής

غير شرعي / شرعي

παράνομος / νόμιμος

ذكي / مبوقل

έξυπνος / χαζός

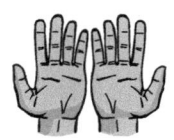

يسار / يمين

αριστερός / δεξιός

قريب / بعيد

κοντινός / μακρινός

جديد / مستعمل

καινούριος /
μεταχειρισμένος

مكانش / شوية

τίποτα / κάτι

ثيبيني / شاب

γέρος | νέος

يشعل / يطفئ

αναμμένος / σβηστός

محلول / مبلع

ανοιχτός / κλειστός

بشوية / بلفور

χαμηλόφωνος /
μεγαλόφωνος

مرفح / زوالي

πλούσιος / φτωχός

نيشان / خاطيء

σωστός / λανθασμένος

حرش / رطب

τραχύς / λείος

زعفان / فرحان

λυπημένος / χαρούμενος

قصير / طويل

κοντός / μακρύς

بشوية / بلخف

αργός / γρήγορος

مشمخ / ناشف

υγρός / στεγνός

حامي / بارد

ζεστός / δροσερός

القيرة / لأمان

πόλεμος / ειρήνη

0

صفر
....
μηδέν

1

واحد
....
ένα

2

زوج
....
δύο

3

ثلاثة
....
τρία

4

ربعة
....
τέσσερα

5

خمسة
....
πέντε

6

ستة
....
έξι

7

سبعة
....
εφτά

8

ثمانية
....
οκτώ

9

تسعة
....
εννιά

10

عشرة
....
δέκα

11

حداعش
....
έντεκα

12

ثناعش

δώδεκα

13

تلطاعش

δεκατρία

14

رباطاعش

δεκατέσσερα

15

خمسطاعش

δεκαπέντε

16

سطاعش

δεκαέξι

17

سبعطتعش

δεκαεφτά

18

ثمنطاعش

δεκαοκτώ

19

تساعطاش

δεκαεννέα

20

عشرون

είκοσι

100

مية

εκατό

1.000

ألف

χίλια

1.000.000

مليون

εκατομμύριο

انقلي

Αγγλικά

انغلي تاع مريكان

Αμερικάνικα Αγγλικά

لغة الشنوية

Μανδαρίνικα Κινέζικα

الهندية

Χίντι

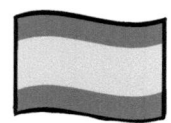

سبنيولية

Ισπανικά

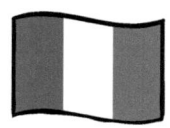

الفرونسي

Γαλλικά

العربية

Αραβικά

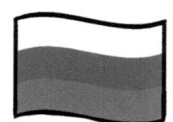

الروسية

Ρώσικα

البوتغالية

Πορτογαλικά

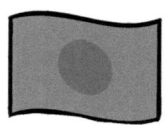

البنغالية

Μπενγκάλι

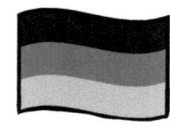

لالمنية

Γερμανικά

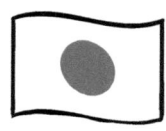

الجابونية

Ιαπωνικά

انا

εγώ

نتا

εσύ

هو

αυτός / αυτή / αυτό

حنايا

εμείς

نتوما

εσείς

هوما

αυτοί / αυτές / αυτά

شكون

ποιος / ποια / ποιο;

واش

τι;

كيفاش

πώς;

وين

πού;

وقتاش

πότε;

الاسم

όνομα

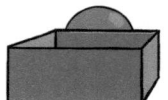

مرول
....
πίσω

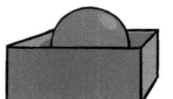

في
....
μέσα

قدام
....
μπροστά

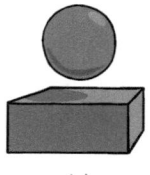

فوق
....
πάνω από

على
....
πάνω

تحت
....
κάτω

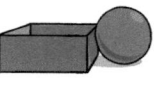

حدا
....
δίπλα

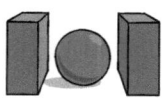

بين
....
ανάμεσα

بلاصة
....
μέρος